Matrimonio sin límites

El arte de una buena comunicación

Tomo II

Wilson y Sandra Santos

Corrección, Diseño de tapa e interior: *Ediciones Bara* - edicionesbara@gmail.com

CONTENIDO

Introducción

Mientras Sandra y yo esperábamos en el Aeropuerto La Guardia para tomar un vuelo rumbo a Nicaragua, donde impartiríamos un fin de semana para matrimonios, llegó Mario Sena el fundador y CEO de Ágape, una de las compañías en la ciudad de New York de más rápido crecimiento en el mundo del transporte, y nos pusimos a conversar. Éste me decía que aprendió que la mayor fórmula para vivir una vida productiva era si uno comienza a deprenderse del yo y deja de defenderse en cada conversación.

—¿Cómo así? – le pregunté.

—Es fácil —me dijo—. Mayormente las personas quieren pensar por los demás y reaccionan ante las acciones de ellos. Un ejemplo es si alguien me ve y, por alguna razón, no lo saludo; entonces la persona cree que soy un arrogante, y me lo dice a mí o se lo dice a alguien más. Yo puedo hacer dos cosas, ponerme a discutir con esa persona tratando de convencerlo de que yo no soy así, de que vea mi corazón y la manera correcta en que me conduzco, o simplemente decirle "perdóname por haber causado una impresión tan mala de mí y de alguna manera por herirte con mis acciones". Esto es lo que podemos hacer siempre ante todo conflicto, aun los conflictos matrimoniales.

Me dijo luego:

—Es tan fácil enfocarse en lo negativo y pasarnos la vida dando razones, pero es más efectivo mirar lo bueno y declararlo. Hay una raza de humanos que no lee todos los letreros. Ellos solo leen lo que les gusta y lo que realmente los edifica. Deberíamos ser así, elegir lo que queremos hablar y no complicarnos tanto.

En el matrimonio sucede lo mismo, la mujer en muchas ocasiones está esperando ser entendida y ser comprendida, pero el hombre quiere lo mismo y se pasan la vida discutiendo en vez de amando. Criticándose en vez de animando. Destruyéndose en vez de edificando. La edificación es poderosa, pero para que haya una buena edificación debe haber una buena percepción, y para que salga lo bueno de nosotros es requerido serlo. Del corazón sale lo que habla la boca.

¿Cómo podemos edificar un matrimonio para llevarlo a una relación sin límites? Ésta es una pregunta interesante, pero en mi manera de verlo hay tres acciones básicas que nos pueden llevar a esa meta. Dos de ellas están en el libro "Matrimonio Sin Límites" Tomo I y la última es la razón por la que estamos escribiendo este libro.

1) **Los buenos modales.** La pareja no debe olvidarse que el cortejo romántico es algo que nunca ha pasado de moda.

2) **La consideración.** El valor y la honra. Si no valoras a las personas que están contigo para toda la vida, nunca les podrás agradar ni hacer que éstas se sientan especiales. El valor también se aplica a mi manera de pensar, de verme a mí mismo y de ver a los demás.

3) **Las palabras.** El poder de la vida y de la muerte está en la boca. La comunicación es un talento que se les dio a los humanos, pero por haber nacido con él muchos piensan que no necesitan hacer nada para desarrollarlo. La comunicación es un arte y el uso adecuado de las palabras conlleva el ejercicio del dominio propio, de la autodisciplina y la intención.

En este libro nos estaremos concentrando en el poder de la palabra y en cómo usarla sabiamente para tener a nuestro lado la persona que realmente nos gusta.

Capítulo I

Siempre habrá elección

E l rey Arturo había enfermado. En solo dos semanas su debilidad lo había postrado en su cama y ya casi no comía. Todos los médicos de la corte habían sido llamados, pero nadie había podido diagnosticar su mal, pese a todo el cuidado, el buen rey empeoraba a cada momento. Una mañana mientras los sirvientes arreglaban la habitación donde él estaba dormido, uno le dijo al otro con tristeza:

—El rey morirá.

En la habitación estaba Galahad, el más heroico y apuesto de todos los caballeros de la mesa redonda y el compañero de batalla del rey Arturo. Al escuchar al criado, se para de su silla como un rayo y toma al hombre de la ropa y le grita:

—Jamás vuelva a decir algo como esto; jamás. El rey vivirá, el rey se recuperará, solo falta encontrar al médico que lo va a sanar.

El sirviente temblando se atreve a contestarle a Galahad:

—Lo que pasa es que Arturo no está enfermo. El rey está bajo los efectos de un poderoso hechizo, el rey está embrujado.

—¿Por qué dices eso? —dice el caballero.

A lo que el hombre contesta:

—Tengo muchos años viendo a los hombres caer en esta situación y solo uno ha sobrevivido.

—Eso quiere decir que existe una posibilidad; dime cómo escapó ese hombre de la muerte. Responde, criado.

—Bueno —dice el siervo—. Si hay alguien que en el reino tenga un poder de brujería más poderoso que el que hizo el hechizo, el rey se salvará.

—Pues tiene que haber uno en el reino más poderoso —dice Galahad—. Y si no está en el reino, iré al otro lado del mar y lo traeré —asevera el caballero con firmeza.

—Que yo sepa solo hay dos personas tan poderosas que puedan salvar al rey. Uno es Merlín, que nadie sabe dónde se encuentra y si lo enviaran a llamar tardaría semana en venir, pero es seguro que el rey no tardará tanto en morir; y la otra es... — El siervo hace una pausa y baja la cabeza.

—Habla —dice Galahad con ímpetu.

—La otra es la bruja de la montaña, pero aun cuando alguien sea tan valiente que se atreva a atravesar los bosques y enfrentar los múltiples peligros que representa llegar a ella, jamás vendrá a sanar al hombre que hace años la expulsó del palacio.

La fama de la bruja era siniestra y se decía que podía convertir en un esclavo a un valiente guerrero tan solo con mirarlo. También muchos creían que tan solo con tocarla se les helaba a las personas la sangre en las venas. Se contaba que hervía a las personas en el aceite tan solo para comerse el corazón.

Arturo era el mejor amigo que Galahad tenía, había cabalgado junto a él y había luchado a su lado miles de veces. Había escuchado las penas más vánales y las más profundas del corazón de Arturo. Y no había nada que él no hiciera por ver sano a su amigo y verlo otra vez hacer cosas juntos. Galahad montó su caballo y con su armadura se dirigió a la montaña Negra donde estaba la cueva oscura de la bruja. Inmediatamente, una vez que pasó el río, notó que el cielo comenzó a oscurecerse y una fuerte y densa nieve ya comenzaba a opacar la fría montaña. Cuando llegó a la cueva parecía haber caído al pleno día.

Galahad entró a la cueva y caminó hacia lo profundo, pero el mal olor y el piso encharcado lo hicieron replantar su empresa. Sin embargo, éste tomó ánimo y siguió caminando empuñando su armadura fuertemente con su mano derecha. En repetidas ocasiones los murciélagos que le salían al encuentro de repente le hacían cubrir su cara. Después de quince minutos de marcha, el túnel se abrió en una enorme caverna iluminada por una luz amarillenta, generada por cientos de velas. En el medio, revolviendo la olla, estaba la bruja. Era una típica bruja de cuentos; tal como se la había descrito el siervo en el palacio. Era descrita en los cuentos de terror con la nariz puntiaguda, los dientes afilados, con un sombrero de punta y uñas afiladas entre sus dedos largos y huesudos. Era una bruja fea y aterrorizante. Frente a Galahad estaba esta mujer con cara de espectro, los ojos pequeños, el mentón prominente y una actitud que destellaba un terror escalofriante.

No bien Galahad llegó a la bruja, ella le gritó:

—Vete antes de que te convierta en un sapo o en algo peor.

Él le dijo:

—Es que he venido a buscarte, porque necesito pedirte ayuda para mi amigo que está muy enfermo.

—Jejejejejeje —se ríe a carcajadas la bruja, mientras prosigue—: El rey está embrujado y con un poderoso conjuro y, a pesar de que no he sido yo, nada hay que yo pueda hacer para evitar su muerte.

—Pero eres más poderosa que quien inventó el conjuro. Tú puedes ayudarlo —dice Galahad.

—¿Por qué haría yo tal cosa? —agrega la bruja.

—Te daré cualquier cosa y yo mismo me ocuparé de que se te pague lo que tú pidas —dice el caballero.

La bruja lo mira, pues es extraño tener a un hombre como Galahad en su cueva. Este hombre era muy apuesto y, sumado a su porte de caballero, era una poderosa figura de la realeza. La bruja lo miró de reojo y le dijo:

—Si quieres que sane al rey, deberás pagar un precio. Y ese precio es casarte conmigo.

Eligiendo a una bruja

Galahad se estremeció, pues no concebía la idea de pasarse la vida conviviendo con la bruja y, sin embargo, era la vida de Arturo la que estaba en juego. Él pensaba cuántas veces sus amigos le habían salvado la vida. Además, el reino necesitaba más de un Arturo que de un Galahad.

—Está bien —dice caballero—, si sanas a Arturo, te desposaré. Te doy mi palabra. Pero apúrate, pues temo llegar al castillo y que sea tarde para salvarlo.

En silencio, la bruja recogió una maleta de cuero y puso algunas cosas dentro, tomó algunas sustancias en pequeños recipientes y los colocó también, y se dirigió al exterior seguida por Galahad. Al llegar afuera, Galahad buscó su caballo y, como quien trata a una reina, ayudó a la bruja a montarlo. Luego lo montó a su vez y comenzó a galopar hacia el castillo del rey. Una vez en el catillo, instó al guardia para que bajara el puente y éste, sin oponer resistencia, lo hizo.

Caminando por las calles de la ciudad, cerca del palacio, las personas no dejaban de mostrar su asombro por lo que veían, otras se apartaban para no cruzar su mirada con la bruja. Cuando llegaron a la puerta del palacio y se dispusieron a entrar a las habitaciones reales, Galahad, con sus manos extendidas y no dejando que la bruja lo hiciera por sí misma, se apuró a ofrecerle apoyo para bajar del caballo, ésta se sorprendió de que la trataran de esa manera.

Las palabras son hechizos para bien o para mal

Galahad le dijo que si ella sería su esposa, debía ser tratada como tal. Llegaron a la habitación del rey y éste había empeorado mucho desde que el caballero partió, ya no se alimentaba ni tomaba nada. Galahad hizo que todos los que estaban en la habitación salieran de prisa. Pero el médico del rey le pide quedarse y Galahad consistió, la bruja se acerca al cuerpo de Arturo y dice unas extrañas palabras de un conjuro, mientras a la vez iba preparando unas extrañas hierbas para dárselas al rey. El médico le toma la mano con fuerza a la bruja y le dice:

—No, no, no. Yo soy el médico del rey y no confió en brujerías, fuera de...

Posiblemente hubiera dicho "fuera del castillo", pero debido a la intervención de Galahad no terminó la frase. Éste estaba cerca de él mirándolo furioso y con la espada puesta en su cuello. Inmediata a esa acción, Galahad expresa:

—No toques a esa mujer, porque el que se va eres tú.

El médico huyó asustado. La bruja se acerca al cuerpo de Arturo y le da algo de beber, gota a gota.

—¿Y ahora qué va a pasar? —pregunta Galahad.

—Ahora hay que esperar —contesta la bruja.

Ya en la noche, el caballero se quita la capa y hace un pequeño lecho al lado de la cama en los pies del rey. Él se quedaría toda la noche cuidándolo a los dos al lado de la puerta. La noche fue larga, pero a la mañana siguiente, después de mucho tiempo, el rey despertó.

—¡Comida! —gritó el rey—, tengo mucha hambre. Denme algo de comer.

—Buenos días, majestad —le saluda Galahad con entusiasmo mientras hace sonar la campanilla para que vengan los criados.

—Hola mi querido amigo, tengo tanta hambre que parece que no he comido en semana.

—No ha comido en semanas —le dijo Galahad.

Mientras los dos hombres hablan al pie de la cama, se deja ver la cara de la bruja que a la vez muestra una horrible mueca en su rostro. El rey al verla piensa que ésta es una visión y se refriega los ojos con las manos tratando de volver a la realidad. Pero, en efecto, era la bruja quien estaba allí mirándolo con ojos apagados.

—Vete de aquí —le grita el rey, te he dicho cientos de veces que no te quería ver, vete del palacio antes que te mande a matar.

—Perdón, majestad —dice Galahad—. Usted debe saber que si la echa, me está echando a mí. Es su decisión echarla, pero debe saber que si ella se va, yo me iré con ella.

—Te estás volviendo loco, ¿a dónde irías tú con este monstruo infame?

—Perdón su alteza, pero le pido cuidado con sus palabras, porque está hablando de mi futura esposa.

—¿Qué? ¿Tu futura esposa? —replica Arturo—. Yo he querido presentarte a las mujeres más bonitas del reino, a las muchas más codiciadas de la región, a las princesas más hermosas, las hijas de los reyes aliados del mundo y las ha rechazado a todas ¿Cómo vas a casarte con ella?

La bruja se arregla tranquilamente el pelo y con una sonrisa burlona dice:

—Éste es el precio que ha pagado para que yo te sane.

—Nooo —gritó el rey—. Me opongo, no permitiré esa locura, prefiero morir —dice Arturo.

—Ya está hecho, majestad —dice Galahad.

—Te prohíbo pues que te cases con ella —ordena Arturo.

Los caballeros les dan valor a sus palabras

—Existe una cosa en el mundo más importante que una orden suya, una sola cosa, y es mi palabra. Hice un juramento y me propongo cumplirlo. Si usted se muriera hoy, habría dos eventos importantes mañana: su entierro y mi casamiento.

El rey entendió que no podría librar a su noble amigo de aquel juramento.

—Eres más noble de lo que creía, mi querido amigo.

El rey se acercó a Galahad y lo abrazó.

—¿Dime qué puedo hacer por ti?

Al día siguiente, en la capilla del palacio, el sacerdote casó a la pareja, a la bruja y a Galahad con la única presencia del rey. Al final de la boda, el rey entregó a su amigo un pergamino y le dio su bendición. En el pergamino estaba implícito el regalo de la pareja y los terrenos que estaban del otro lado del río y la cabaña de veraneo que el mismo rey había enviado a construir.

Saliendo de la capilla, la plaza central estaba desierta, pues nadie quiso asistir a esa boda. En las calles y en todo el reino se hablaba de conjuros, hechizos y encantamientos, una maldición que la bruja había lanzado contra Galahad y le había encadenado a ella. Galahad condujo su carruaje por los caminos desiertos hacia el río y de allí por los caminos altos hacia el monte. Al llegar a la cabaña, bajó primero del carruaje y tomando a su esposa tiernamente por la cintura le ayudó a bajar cuidadosamente. Luego le dijo que tomaría los caballos y los amarraría para ayudarle a pasar a su casa. Galahad duró un poco más de tiempo de lo planificado, porque se deleitó en las líneas rojas del sol que se ocultaban en el horizonte, éste tomó aire y se propuso entrar a la cabaña donde le esperaba su reciente esposa.

Empodera la mujer con tus palabras y tendrá lo que realmente deseas

Cuando Galahad entra a la casa, el fuego de la chimenea estaba encendido y junto a él se podía ver una figura desconocida que estaba de pie. De espaldas se veía la figura de una mujer que estaba semivestida dejando ver entre la transparencia de su vestido unas hermosas curvas de una silueta de un cuerpo cuidado y formado.

Galahad miró a su alrededor buscando a la mujer que había entrado unos minutos antes:

—¿Dónde está mi esposa? —preguntó.

La mujer giró y Galahad sentía que su corazón quería salirse del pecho. Era una mujer hermosa la que tenía delante, de piel delicada, de ojos azules, de un rostro resplandeciente y una boca bien formada. El caballero pensó que se había enamorado de esa mujer, la cual había conocido en otras circunstancias

—¿Dónde está mi esposa? —preguntó otra vez.

La mujer se le acercó y le dijo:

—Tu esposa soy yo.

Galahad con voz fuerte le dice:

—A mí no me engañas, sé con quién me casé. Y no se parece a ti en lo más mínimo.

—Has sido tan gentil conmigo, has sido tan especial y tan preocupado, que aun cuando sentía que aborrecías mi aspecto, me has dicho cosas tan lindas que nadie jamás me dijo.

Por lo cual te creo merecedor de esta sorpresa. ¿Sabes? La mitad del tiempo que estemos juntos tendré el aspecto que ves y la otra mitad el aspecto con el que me conociste. —La mujer hace una pausa mientras lo mira profundamente y prosigue—: Y como eres mi esposo, mi amado y bondadoso esposo, te toca a ti tomar esta decisión. ¿Qué prefieres, esposo mío? ¿Eliges esta mujer que ves de día y la otra de noche, o quieres que sea la otra que conociste de día y ésta que ves ahora de noche?

Dentro del caballero, el tiempo se detuvo. Este regalo del cielo era más de lo que él había soñado. Él se había casado resinado a su destino por el amor que le tenía a su amigo el rey Arturo, pero ahora debía elegir su futuro. ¿Debía pedirle a su esposa que fuera hermosa de día para pasearse ufanamente por el pueblo desatando la envidia de los demás, mientras a la noche se sumía en la más profunda soledad con la bruja; o más bien debía tolerar durante el día la burla y el desprecio de aquellos que lo vieran del brazo con la bruja y consolarse con el hecho de que cuando oscureciera tendría solo para él la compañía de esta hermosa mujer de la cual ya se había enamorado?

Sé lo que realmente deseas ser

El joven Galahad pensó y pensó por un largo tiempo y, después de una larga meditación, levantó la cabeza y dijo:

—Debido a que eres tú mi querida y legítima esposa, te doy a ti el poder de elegir quien quieres ser. Deseo que seas la que tú quieras ser en cualquier momento de nuestra vida. Que seas tú la que decida esto.

Dice la leyenda que la mujer, cuando se vio libre de elegir, eligió ser siempre la misma que no solo era la más sabia y la más bella de las dos, sino también la que más le gustaba a su amado esposo. Es así que, cuando una persona decide ser quien es y toma el compromiso de ser sí misma, entonces ésta se encuentra con lo que realmente es en el fondo. Así, nos transformamos y abandonamos para siempre las brujas y los ogros que nos asustan y que se interponen en nuestra grandeza, para convertirnos en caballeros y princesas que se despiertan del sueño. Nos transformamos en hermosos seres que en ocasiones aparecen para ofrecerse a la persona amada, que estaban ahí dormidos por los rechazos, las palabras de recriminación y el desapruebo.

Pasa que a veces los monstruos terminan adueñándose de nuestras vidas y habitando en nosotros permanentemente. Dejamos de saber qué es, a partir de saber quiénes somos, que la belleza despierta en nosotros. Es a partir de descubrir que los más sabio no es vivir bajo estos conceptos limitantes, sino bajo lo que realmente nos podemos convertir. Las palabras y el buen trato del príncipe cambiaron a la bruja en una mujer hermosa. **Esta historia se repite a diario en miles y millones de matrimonios, hombres que han convertido a su esposa en monstruos y la han hecho perder en el camino de la vida, apartándola del mundo del crecimiento y la plenitud.** En la boca de un hombre y una mujer está la edificación. El matrimonio se edifica y debido a nuestras acciones podemos convertir a éste en un lugar de brujas y ogros o en un lugar de príncipes, caballeros y princesas. Muchos matrimonios ya no se soportan y prefieren pasar la noche y el día separados que estar juntos. Eso también lo han construido ellos mismo, no hay nada que pase en nuestro matrimonio que no sea nuestra elección y construcción. La pregunta sería: ¿Qué es lo próximo que piensas construir en tu matrimonio? ¿Qué harás con tu pareja? ¿Una mejor persona o una peor persona? ¿La edificarás o la destruirás? Si tienes el objetivo de edificar, usa el poder que está en tu boca.

Capítulo II

La mayor conquista de la vida

Muchos hombres han triunfado en el mundo de los negocios y de la ciencia, pero muchos de ellos nunca lo lograron como esposos y padres. En el tiempo cuando los Estados Unidos luchaba por estabilizarse como nación y darle al mundo su carta de grandeza y solidez como potencia mundial, surgió un líder que apoyó grandemente esta causa y que, por ser presidente, tendría que enfrentar con éxito los conflictos de la desunión de los Estados del sur y el norte y enfrentar el problema de la esclavitud. Abraham Lincoln es reconocido por su perseverancia y su coraje para enfrentar conflictos. Durante su deseo de ascender y tomar un lugar en la sociedad, tuvo por lo menos dieciséis pérdidas y derrotas significativas de las cuales ocho de ellas estaban relacionadas con la política. Ocho perdidas y derrotas en el mundo de la política no quebrantaron el valor y la voluntad de Lincoln, y no le impidieron ser el decimosexto presidente de los Estados Unidos de América. Lincoln lideró a Estados Unidos durante la Guerra de Sucesión, el conflicto más sangriento y quizás también la mayor crisis moral, constitucional y política que ha sufrido la nación estadounidense. Al mismo tiempo, preservó la unión, abolió la esclavitud, fortaleció el gobierno federal y modernizó la economía.

Lincoln promovió una rápida modernización de la economía a través de sectores como el bancario, los impuestos y los ferrocarriles. Antes, incluso, de llegar a la Casa Blanca, su victoria y la falta de acuerdo en el tema esencial de la esclavitud provocaron que siete estados del sur se unieran para crear los Estados Confederados de América. Todas las crisis de la guerra civil y los ataques políticos que enfrentó lo hizo apelando al pueblo estadounidense con su habilidad de oratoria. Su discurso de Gettysburg se convirtió en una icónica defensa de los principios de nacionalismo, republicanismo, igualdad de derechos, libertad y democracia.

Desde entonces, Abraham Lincoln ha sido considerado por historiadores y por la opinión pública como uno de los mejores presidentes de los Estados Unidos de América.

Dijimos anteriormente que Lincoln tuvo por lo menos dieciséis pérdidas significativas. A temprana edad perdió a su madre, en la flor de la juventud perdió a su amada novia y en su carrera política fracasó una y otra vez. Pero ninguna de esas pérdidas políticas lo afectó tanto como la pérdida de su novia Ann Mayes Rutledge y primer gran amor de su vida. En 1835, una epidemia de tifus azotó la ciudad de Nueva Salem. Ann Rutledge murió joven, a los 22 años. Este triste suceso le provocó a Lincoln una tremenda depresión. Algunos historiadores piensan que esta pérdida creó en Abraham un vacío interno que lo afectó emocionalmente para toda la vida.

La crítica y los malos hábitos de Lincoln

¿Cuál era el secreto de los triunfos de Abraham Lincoln en su trato con los hombres? Para saber cómo llegó tan alto después de tanta derrota debemos saber cuál era su mayor problema y por qué al principio no le iba tan bien con la gente. Al principio de sus días y su carrera, Lincoln no fue un hombre afortunado en conservar amistades y, en sus relaciones personales, podríamos decir que no fue muy dichoso con sus hijos y en su matrimonio. Lincoln tenía el mal hábito de criticar a sus rivales. Éste le gustaba dedicarse a criticarlos. Cuando joven, en el Valle de Pigeon Crest, de Indiana, no solamente criticaba sino escribía cartas y poemas para burlarse de los demás, los cuales dejaba en los caminos campestres, con la seguridad de que alguien los encontraría. Una de esas cartas despertó resentimientos en personas que duraron toda una generación.

Aun después de empezar a practicar leyes como abogado en Sprigfield, Illinoins, Lincoln atacaba abiertamente a sus rivales en cartas que publicaban los periódicos. Pero se excedió.

En el otoño de 1842 se burló de un político irlandés vano y batallador, que se llamaba James Shields. Lincoln lo censuró crudamente en una carta anónima publicada en el Springfield Journal. El pueblo entero estalló en carcajadas. Shields, sensitivo y orgulloso, hirvió de indignación. Descubrió quién había escrito la carta, saltó a su caballo, buscó a Lincoln y lo desafió a un duelo. Lincoln no quería pelear. Se oponía a los duelos, pero no podía negarse sin el menoscabo de su honor. Tuvo la elección de las armas. Como tenía brazos muy largos, escogió sables de caballería, tomó clases de esgrima de un militar de West Point y, en el día señalado, él y Shields se encontraron en un banco de arena de Mississippi dispuestos a luchar hasta la muerte. Por fortuna, a último momento intervinieron los padrinos y evitaron el duelo.

Aprendiendo la lección del valor a otro

El incidente de Lincoln con Shields fue el incidente personal más significativo en la vida de Lincoln. Resultó para él una lección de valor incalculable en el arte de tratar a los demás. Nunca volvió a escribir una carta insultante. Nunca volvió a burlarse del prójimo. Y desde entonces casi nunca criticó a los demás. Al contrario, se convirtió en un hombre atento, amoroso, detallista y en un gran comunicador. Es interesante cómo el cambio en el uso de las palabras y en el trato con la gente puede cambiar la vida y el destino de un hombre y una mujer. Las buenas respuestas y las blandas palabras hacia otro nunca serán posibles a menos que aprendamos a valorar a la gente y a saber el poder que tenemos de matar a alguien cuando abrimos la boca.

La responsabilidad tuya eres tú

A pesar del cambio de Lincoln en su trato con la gente y el buen uso de su palabra hacia los demás, no ocurrió lo mismo con la persona más cercana a él, su esposa. Éstos acostumbraban a tener fuertes desacuerdos, aun delante de otras personas y en lugares públicos, que terminaban en pleitos y reclamos. Ella explotaba en rabia, incluso, delante de los amigos y su relación matrimonial fue considerada el mayor desastre de la vida de Lincoln. La mayoría de historiadores están de acuerdo que éste fue un gran hombre con un pésimo matrimonio y una desdichada vida familiar.

La situación de Lincoln sobre los conflictos que enfrentaba en su casa fue tan frustrante, y el dolor y la amargura que cargaba en el alma era tan grande, que en repetidas ocasiones manifestó el deseo de morirse. Nunca se consideró un hombre feliz y satisfecho, a pesar de todos sus logros se lamentaba constantemente de sus desdichas, en muchas ocasiones viajaba a otros lugares o amanecía en hoteles con el pretexto de que tenía muchos compromisos, pero muchos creen que era una manera de no tener que enfrentar los desacuerdos matrimoniales que tenía con su esposa. Se cree que la esposa de Lincoln tenía problemas mentales y un desorden de personalidad. Analizando este trastorno podríamos afirmar que ella solo daba lo que tenía y esto era el caos y el desorden. ¿Qué queremos decir? Lo que decimos es que es más fácil cambiarte a ti mismo que cambiar a tu pareja. Es más fácil hacerte feliz a ti mismo que a tu pareja. Tú dirás: "Pero entonces no se puede"; pero eso no es lo que digo, lo que digo es que este concepto es poderosísimo solo cuando lo entienden ambos.

Esto requiere mayor destreza y comprensión

La historia de Lincoln y otros hombres famosos y exitosos muestra que podemos ser muy buenos comunicadores sociales, conferencistas, políticos, motivadores, predicadores y oradores profesionales, mas, sin embargo, no poder comunicarnos constructivamente con la persona que se unió a nosotros para compartir su vida. Hacer esta labor satisfactoriamente es lo que yo considero la mayor conquista de la vida. Un hombre puede conquistar muchos reinos, muchas mujeres, muchos obstáculos externos, pero su mayor conquista siempre será con su pareja y sus hijos.

Sigmund Freud, el padre de la Psicología y del psicoanálisis, no le gustaba llegar a casa para no soportar los pleitos de su esposa Martha Bernays, con la que tuvo seis hijos y con la finalmente luego se divorció. Una de las razones por la que Freud y Martha tenían problema era que ella se quejaba por la poca atención que éste le dedicaba. Freud trabajaba dieciocho horas al día en sus proyectos personales y en sus investigaciones sobre el comportamiento humano. Freud fue uno de los mejores investigadores que ha dado la historia y era un hombre altamente preparado. Leía y hablaba perfectamente el inglés, francés, italiano y español; usaba letras góticas para escribir en alemán, conocía el griego, el latín, el Hebreo y el Yiddish. Escribió más de diez mil cartas, más de veinte volúmenes de libros y múltiples artículos como registro de pacientes, etc. Todos esto lo hizo Freud pasando a la historia como un verdadero genio y levantando un movimiento de personas que seguían sus pensamientos, investigaciones y gustos a los cuales le llamaron los freudianos. Un líder definido y con capacidades extraordinarias de cambiar el rumbo de la ciencia, pero que podríamos decir que, a pesar de todo, eso no logró el éxito en el matrimonio.

La comunicación está estrechamente ligada a las relaciones

Galileo Galilei tenía el mismo problema que Abrahán Lincoln en su juventud, utilizaba su genio mordaz para atacar a la gente, algo que no le permitió tener muchos amigos. La condena de Galileo a la inquisición se cree que estaba relaciona con este hecho. Él hizo un libro donde ridiculizaba al Papa y donde él se presentaba como un gran genio. Esta costumbre de desdeñar a los demás puede ser un hábito fácilmente tomado por las personas exitosas e inteligentes. Galileo duró ocho años de su vida en arresto domiciliario y todo comenzó cuando éste trató de ganar una y otra vez los argumentos sobre el lugar que ocupaba la tierra en el Universo y en que ésta era redonda y giraba alrededor del sol. Aunque tenía la razón en todo eso y, aunque tuvo muchos logros como científico y astrónomo, el ser impaciente por mostrar su verdad lo llevó a morir sin poder disfrutar el fruto de su trabajo.

> *Esta costumbre de desdeñar a los demás puede ser un hábito fácilmente tomado por las personas exitosas e inteligentes.*

Galileo cometió dos errores graves en la comunicación: 1) Quiso mostrar la verdad ridiculizando a los demás. 2) Era impaciente. El mismo escribió que esperar a que se retratara, u otros los comprendieran o aceptaran o valoraran sus ideas, sería una pérdida de tiempo. Lo que hizo que se precipitara a mostrar los hechos y que consiguiera con esto el encarcelamiento.

Isaac Newton, a diferencia de Galileo, no tenía tiempo para hacer amigos y para tener relaciones sociales o amorosas. Aunque fue un gran científico y uno de los mayores matemáticos de Europa, no tuvo mucho reconocimiento, ya que casi no compartió sus cálculos por más de veinte años. Hoy sabemos que Isaac newton en toda su vida no tuvo ninguna aventura o relación amorosa, que murió virgen y se le conocieron muy pocos amigos. Los que lo conocían sabían que era intensamente agresivo, impulsivo, callado, esquivo, amenazante, frágil, vengativo, pero fue un maniaco al trabajo y obsesivamente enfocado. Trabajaba de dieciocho a veinte horas y solo se detenía para comer. Tenía el poder de no distraerse y de concentrarse por años en un problema hasta resolverlo, esto permitió describir matemáticamente las leyes de la gravedad. En su obra publicada 1687, "Las principias", él describe que la masa interactúa con la fuerza, la inercia y la aceleración. A pesar de todos estos logros, Newton carecía de tres principios básicos para tener buenas relaciones. 1) Su tono no era agradable, se enojaba y estrellaba en cólera. 2) La apertura a la crítica. No le gustaba que lo contradijeran o le dijeran que estaba equivocado. 3) El dominio interno o dominio propio. Amenazaba con represión cuando se sentía desvaluado por alguien. Se consideraba por sus conocidos como una persona hiriente y negativa. Murió solo y sin descendientes.

Albert Einstein es considerado por los historiadores como una persona distraída y egoísta, que tuvo dos fracasos matrimoniales y considerado por el mismo un desastre en la esfera emocional. Por otro lado, en el mundo de la informática, Steve Jobs obtuvo logros como ningún otro en la historia hasta hoy, pero también fue considerado un fracasado en las relaciones y la vida matrimonial. Todos unidos por un común denominador: exceso de trabajo y estrés, falta de balance en su estilo de vida, encierro en sí mismo y problemas de comunicación interpersonal.

Ser fuerte puede ser equivalente a débil

Muy arriba del bosque y ocultos detrás de la densa pantalla de las nubes, el sol y el viento sostenían su discusión desde mucho tiempo atrás sobre cuál de ambos era el más fuerte.

–¡Claro que lo soy yo! –Insistía el sol–, mis rayos son tan poderosos que puedo chamuscar la tierra y reducirla a negra yesca reseca.

–Sí, pero yo puedo inflar mis mejillas hasta que se derrumben las montañas, se astillen las casas convirtiéndolas en leñas, y hasta arrancar grandes extensiones del bosque.

–Pero yo puedo incendiar los bosques con el calor de mis rayos –dijo el sol.

–Y yo hacer girar la vieja bola de la Tierra con un solo soplo, insistió el viento.

Mientras seguían esgrimiendo nuevos argumentos allá arriba, salió del bosque un granjero. Vestía un grueso abrigo de lana y tenía calado sobre las orejas un sombrero.

—¡Te diré lo que vamos a hacer! —dijo el sol—. El que pueda, de nosotros dos, arrancarle el abrigo de la espalda al granjero, habrá probado ser el más fuerte.

—¡Espléndido! —bramó el viento, el cual tomó aliento e hinchó las mejillas como si fueran dos globos. Luego sopló con fuerza... Y sopló.... Y sopló. Los árboles del bosque se balancearon. Hasta el gran olmo se inclinó ante el viento, cuando éste lo golpeó sin piedad. El mar formó grandes crestas en sus ondas y los animales del bosque se ocultaron de la terrible borrasca.

El granjero se levantó el cuello del abrigo, se lo ajustó más y siguió avanzando trabajosamente.

Sin aliento ya, el viento se rindió desencantado. Luego, el sol se asomó detrás de la nube, viendo la azotada tierra. Navegando el sol por el cielo, miró con rostro cordial y sonriente el bosque que estaba allá abajo. Hubo gran serenidad, y todos los animales salieron de sus escondites. La tortuga se arrastró sobre la tierra que quemaba y las abejas se acurrucaron en la tierna hierba.

El granjero alzó los ojos, vio el sonriente rostro del sol, y con un suspiro de alivio, se quitó el abrigo y siguió andando ágilmente.

—Ya lo ves —dijo el sol al viento.

A veces, quien vence es la dulzura. Las palabras blandas y dulces calman la ira. Cuán difícil es para una esposa o esposo en diferentes ocasiones ceder, callar o hablar con dulzura especialmente cuando cree que debe gritar y con voz fuerte detener el abuso. Pero no se conquista un matrimonio de esa manera. Al contrario, debemos hacerlo como se conquista todo lo demás, conquistando primero la lengua agria para que se convierta en tan dulce como la miel.

Concluyo que la mayor conquista de un hombre no está en el mundo exterior, por mucho que éste aporte a la sociedad. Mas, sin embargo, aunque muchos triunfaron en el mundo científico y social, no lo lograron en el emocional, pero no es una regla a seguir, ya que otros sí lo hicieron en los ambos mundos. Hombres Como Victor Frank, Bill Gate, Mark Zuckerberg, Warren Buffet, Ronald Reagan, Bill Clinton, Andrew Carnegie, superaron sus limitaciones y muchos aprendieron después de haber tenido gran éxito que la mayor riqueza es el amor a la gente y el trato amable a los demás. En la película de Steve Jobs, uno de los trabajadores y primeros socios le dice unas palabras a Steve que son la base para ser exitoso en todo: **"Se puede ser una persona exitosa y a la vez ser una persona decente".** El éxito mayor de un individuo está en sus relaciones, con sus empleados, en la escuela, con sus socios, en su matrimonio, pues en el seno de su casa es que se prueba el carácter y el balance. Y es de allí donde nacen todos los grandes hombres y todos los peores. Aunque ya sabemos que la mayor conquista de un hombre es la de su interior, este producto interno siempre será una obra externa en los que nos rodean. Tener éxito en nuestras relaciones es vital para nuestro CRECIMIENTO integral.

Tener éxito en nuestras relaciones es vital para nuestro CRECIMIENTO integral.

Capítulo III

Herramientas que edifican o destruyen

U n hombre siempre se quejaba de que no tenía herramientas para hacer los trabajos que requería en su nueva casa. Pero un día, mientras maldecía y buscaba entre la casa, encontró una cantidad considerable de herramientas que le permitirían arreglar las cosas principales que se dañaron. **Éste, sin saber, tenía herramientas escondidas y listas para ser usadas.** Yo siempre digo que lo único que pude ayudar a nuestro hogar, o que seamos eficientes en ésta, son las herramientas que podemos obtener de la preparación y el entendimiento de cómo funcionan o se hacen las cosas.

Cuando yo vendía libros, tuve muchos prejuicios de las personas que leían la Biblia en religiones fanáticas. Aprendí a identificarlos cuando les hablaba de comprar un libro para mejorar su matrimonio y me decían: "No los necesito, yo leo la Biblia y eso es suficiente"; aunque yo como creyente sé la importancia que tiene el estudio de la Biblia en la formación de los valores y el carácter del ser humano, ésta no sustituye ningún conocimiento especializado. ¿Por qué digo esto? Porque toda persona requiere evolucionar en el campo de la preparación y el crecimiento personal, y si es creyente cristiano, más debería hacerlo (alguien una vez me dijo: "Wilson, ¿por qué tú metes temas de teología en casi todas tus enseñanzas?"; me gustaría decir que es porque estudié teología en la universidad, pero la realidad es que no es así, sino porque eso es lo que somos como seres humanos, una manifestación de las creencias y conceptos teológicos). Para desarrollarse en cualquier área, la persona debe conocer el valor de las herramientas, y la primera herramienta que yo considero importante es "el conocimiento". Todo lo que queremos hacer con eficiencia debe ser apoyado en las herramientas correctas. Encontrar las herramientas correctas en todo lo que hacemos es la clave del éxito. Cuando hablo de herramientas me refiero a cualidades y habilidades internas y externas que podemos usar para tener una vida mejor.

La segunda herramienta que considero vital para una pareja es "la palabra hablada". Si una pareja no puede comunicarse fácilmente, le será difícil entenderse y crecer como matrimonio. Conozco parejas que no se pueden comunicar eficientemente porque no entienden el idioma del uno y del otro. Todos los grandes hombres y mujeres de la historia han utilizado las palabras para cautivar a sus seguidores. Mas, sin embargo, en el matrimonio a menudo no se toma en cuenta este hecho tan importante y las palabras se utilizan para reclamar, denigrar, criticar, ofender, entristecer y destruir la autoestima de sus compañeros o compañeras. La palabra hablada tiene dos direcciones: una es la comunicación y otra es la palabra en sí misma, la cual es una cualidad propia del ser humano y a la vez un privilegio. Hablar correctamente no tiene nada que ver con la semántica, la redacción, la narración y la dicción. Escoger las palabras que pronunciamos es muy importante y más cuando queremos hacerlo de manera correcta.

Comunicarse correctamente es poder transmitir un mensaje de manera efectiva y entendible.

Hablar correctamente es combinar las emociones y las palabras tomando en cuenta que el sonido de las frases que están saliendo de la boca no siempre están en orden con lo que queremos expresar.

Hablar poderosamente es cuando cambiamos las palabras que tienen un significado que puede interpretarse negativamente o que tiene un archivo muy fino por una que nos empoderan. Un ejemplo es cuando decimos: "Tengo una necesidad, necesito ayuda, critícame si quieres, increíble, yo soy humilde, yo se esperar, yo soy paciente". Estas palabras pueden tener un mayor poder creativo cuando decimos: "Tengo un requerimiento, requiero apoyo, edifícame si quieres, asombroso, dame un fedback, yo soy amoroso, yo soy constante".

B- **Tengo una necesidad**= A. tengo un requerimiento.

B- **Necesito ayuda**   = A. Requiero apoyo.

B- **Critícame si quieres** = A. Edifícame si quieres.

B- **Increíble**   = A. Asombroso.

B- **Yo soy humilde**   = A. Yo soy amoroso.

B- **Yo puedo esperar**   = A. Yo puedo permanecer.

B- **Yo soy paciente**   = A. Yo soy constante.

B- **Dame una crítica**   = A. Dame una opinión.

Del lado B están todas las palabras que nos identifican con un espíritu débil y de huerfanidad, y del lado A todas las palabras que nos hacen poderosos y seguros de nosotros mismos y con una identidad BIEN FORMADA. Ahora, si tú notas las personas que hablan con las palabras del lado A, los demás les dicen "arrogantes", por lo que en un mundo de víctimas y huérfanos es difícil poder hablar con palabras que nos hacen ver merecedor.

Por otro lado, le quitamos el poder a las palabras cuando nos dejamos de enfocar nosotros y enfocamos a los demás o a otra persona. Este hábito lo tenemos porque nos ensenaron y porque nos da temor hacerlo de otra manera por "el qué pensarán los demás".

B- Vamos hacerlo	=	A. Voy Hacerlo.
B- Hemos reconocido	=	A. He reconocido.
B- Vamos a cambiar	=	A. Voy a cambiar.
B- Somos	=	A. Soy
B- Estábamos mal	=	A. Estoy Mal.
B- Pedimos perdón	=	A. Pido perdón.

Hay miles de ejemplos que podría poner y tú puedes seguir haciéndolo. Ahora recuerda que yo no estoy quitando o cambiando las reglas de la conjunción del verbo en la primera persona del plural. Lo que estoy tratando es que ahora tomes conciencia para cuando tengas que hablar, sabiendo que el único implicado eres tú, por lo cual, no impliques a nadie más y acepta la responsabilidad. Si tú lees mis libros te darás cuenta de que cuando escribo, no lo hago utilizando el pronombre personal "nosotros", aunque muchos me han dicho que lo haga así. Acepto de este libro que es una obra mía y de mi esposa, siempre uso la palabra "yo" y la palabra "tú". O sea, en singular, porque cuando digo "nosotros", donde tengo que decir "yo", lo que estoy haciendo es evadir las responsabilidades y esto me roba el poder de las palabras en mí.

Hablar eficazmente

En cierta ocasión, una pareja estaba sentada en la mesa cenando y una rata le pasó cerca de los pies, la esposa dijo:

—¿Viste esa rata que salió de tus pies?

A lo que el hombre respondió:

—No, la rata salió debajo del refrigerador.

Ella afirma:

—No, fue de tus pies.

Así continuó la conversación. Él decía: "Debajo del refrigerador", mientras que ella: "Debajo de tus pies".

La discusión se puso acalorada y ambos esa noche decidieron no dormir juntos. Al día siguiente, cuando el hombre reflexiona sobre lo infantil que fue la discusión anterior, va donde está la mujer y le dice:

—Amor, no es lógico que nos peleemos por cosas tan insignificantes, vamos a olvidar esas pequeñeces y vamos a perdonarnos.

Ella, al verlo tan arrepentido, se le sentó en las piernas, le dio un abrazo y le dijo:

—Amor, perdóname tú a mí, yo también me porté anoche como un bebé.

Los dos se abrazan y mirándose a los ojos fijamente, se besan. Entonces ella rueda su mano por su cabeza mientras lentamente se va despegándose de él para ir a hacer algo a la cocina. Cuando avanza hacia la cocina, ella voltea la cabeza hacia donde está él y le pregunta:

—Amor, ¿todo bien? ¿Ya no más discusión sobre el tema?

—¡Sí, todo bien! ¡Claro que sí! —dice él—. Aunque te aseguro que la rata no salió de mis pies, sino del refrigerador.

—Sí salió de tus pies, y no del refrigerador...

No iba muy avanzada la discusión, cuando ella tomó una posición de víctima y dijo:

—La verdad es que nunca creí que fueras tan desconsiderado e hipócrita. Número uno, me pides perdón para luego quererme humillar. Número dos, yo me mato aquí limpiando para que tú digas que debajo del refrigerador está tan sucio que se crían las ratas.

Y otra vez volvieron a la discusión. Mientras que él decía: "Fue del refrigerador", ella le contestaba: "Fue debajo de tus pies". Así estuvieron por horas.

En esta historia aprendemos dos cosas importantes. La primera es que ellos hacen una discusión sin ninguna edificación. La conversación no tiene un propósito y la esposa, al verse ofendida, se toma el problema personal y asume que el esposo le está diciendo cosas que ella ha malinterpretado. Ella dificulta la conversación con el papel de víctima al decir: "Tú me estás diciendo sucia, tú dices que yo no limpio, tú eres un desconsiderado". Todo esto está en el plano personal y de la suposición. Segundo, ninguno de los dos está dispuesto a ceder. **Ceder en una conversación puede salvar la situación y la vida de una relación.** Las cabras montañesas caminan por montañas y despeñaderos, y cuando dos de ellas caminan por un camino donde solo una cabe, si una de las dos trata de evadir, la otra se cae al barranco, entonces una de las dos se arrodilla y la otra le cruza por encima. Este método es crucial en la comunicación de pareja, pues en muchas ocasiones es mejor ceder que perder la relación.

Peligros en la comunicación

Dos de los peligros de la comunicación son el orgullo y el deseo de ganar las discusiones. Muchos al conversar están más preocupados en ganar la discusión, que en obtener una nueva perspectiva sobre el tema. Ayer estábamos nosotros dos en la cama viendo las noticias de New York y pasaron como siempre una mala noticia, la cual según los vecinos de la víctima era tan asombrosa que no lo podían creer. La esposa había matado al esposo de una puñalada en el corazón. Todo comenzó con el acaloramiento de una discusión, la cual no estaba guiada por los parámetros del respeto mutuo. La mujer quería que él le diera la contraseña del perfil de Facebook, y él no quiso dársela.

En nuestra conferencia "Viva Sin límites", enseñamos que cuando vas a tener una discusión de un tema en particular y uno de los dos no se siente cómodo con la discusión, se debe aplazar el debate. Para que el problema no se haga incontro-lable, se debe especificar que pronto continuarán otro día al debate, se debe especificar con anterioridad las horas y las pautas de cómo será tratado el tema. La comunicación de un conflicto en la pareja debe ser planificada y debe tener pautas a seguir. Un psicólogo o un consejero familiar solo ayudarán en el conflicto de una pareja si siguen pautas y patrones de cómo resolver ese conflicto. A esto mi esposa y yo le llamamos acuerdos. Toda buena relación está basada en acuerdo, donde no hay acuerdos, alguien está siendo oprimido.

En New York se promulgó la noticia de un caso muy triste que conmovió la comunidad dominicana de Washington Heights. La madre y la hermana mayor se habían ido a Cancún, México, de vacaciones. La hermana mayor tenía un niño autista el cual dejó a cuidado de sus dos hermanos. Éstos entraron en una discusión sobre quien debía esa noche quedarse con el niño y quien de los dos debía salir de fiesta. La discusión se acaloró, el hermano le dio una bofetada a la hermana y la hermana le dio una puñalada en el pecho qui-tándole la vida. Según los vecinos, estos dos hermanos eran ejemplares y todos los lloraron, mientras decían: "Nunca pen-samos que algo tan trágico podría pasarle a una familia tan buena". Pero tragedias como éstas no solo pueden pasar en una familia de hermanos buenos, sino también de esposos buenos. Cuando en la comunicación se pierde el control y el respeto, todo lo que pase de ahí en adelante es impredecible.

> *Toda buena relación está basada en acuerdo, donde no hay acuerdos, alguien está siendo oprimido.*

Las palabras blandas calman la ira

En Cotuí hay un lugar que se llama soledad. La gente dice: "Todo el mundo quiere vivir solo, pero no en soledad". En Cotuí la principal fuente de ingreso es el cultivo de arroz. No sé si sabes lo que es trabajar en arrozales, pero te lo voy a describir un poco para que tengas una idea. Los sembrados de arroz siempre están húmedos o con mucho lodo, ya que el arroz se da en tierra que poseen grandes cantidades de agua. Las personas que siembran ese producto construyen canales de riego y canteras de agua. Los hombres que trabajan en esos lugares no pueden hacerlo con ropas delicadas, ni con zapatos, sus pies están desnudos y son muy vulnerables a la mazamorra y a las cicatrices de las malezas y de los hongos.

En una ocasión, Andrés vino del rancho de arroz y encontró a María frente al televisor mirando la novela "Mary Mar", que en ese tiempo era un "Toque de Queda". Él, después de saludarla, inmediatamente se fue a la cocina para ver lo que su esposa le había preparado de cenar. En mi país hay una cultura de comer tres veces al día. Este sistema de alimentación lleva por nombre: Desayuno, almuerzo y cena. Los pobres, las clases media, y los ricos tienen el mismo sistema, comen tres veces al día. Cuando una persona está acostumbrada a ese estilo de vida, más si es pobre, la comida se convierte en el medio principal del porqué trabaja. Las personas llegan a la casa y su mayor ilusión es poder encontrar sus respectivas comidas. Cuando Andrés fue a la cocina, todo estaba apagado y sin señal de que se había hecho algún tipo de alimento. Estando conscientes de la situación, lanzó un grito a la esposa:

Andrés: "María quiero mi cena, llego y te quedas sentada como que nada pasó. ¿No ves que estoy muerto de un hambre?".

María: "¿Que tú crees que yo soy, tu sirvienta? Llegué tarde hoy de hacer unas cuantas cosas y no tuve tiempo de hacer la cena y ahora es el tiempo de mi novela, mejor cállate que no me dejas oír y está buenísima, éstos son sus últimos capítulos".

Andrés: "O sea que una novela es más importante que yo, que me mato como un perro trabajando para mantener a flote esta familia".

María: "Y yo ¿qué crees que hago, piensas que paso el día rascándome la punta de la espalda?".

Andrés: "Eso es lo único que esas novelas han hecho contigo, una malcriada, cada día eres más respondona y más sucia de la boca".

María: "Cállate, que no soy tu hija, buen burro, ¿no ves que no me dejas oír nada?, ni eso me permites, darme un gustico con mis novelas, ya que de otra manera no me lo das, pues tú no haces ni dejas hacer".

Cuando una discusión se pone acalorada, la persona suele agredir al contrincante con palabras que hacen referencias a defectos y deficiencia personales. Este método de discusión deja heridas muy profundas en el oyente, el cual en muchas ocasiones se defiende con agresión física.

María, pensando que Andrés se iba a poner tranquilo, se acomoda de nuevo en su silla, tratando de retomar el hilo del drama que se estaba desarrollando, pero Andrés enfurecido al ver la acción y el desprecio de su esposa, corre hacia donde ella está y le apaga la televisión.

En muchas ocasiones las parejas pelean cuando tratan de resolver un conflicto, porque les falta la paciencia para esperar resolverlo en el momento adecuado.

La otra dificultad cuando queremos tratar un conflicto es el sarcasmo y las interpretaciones. Sacar la comunicación de contexto, llevándola a un plano familiar, personal o social, hace que la otra persona se ofenda o se ponga a la defensiva, estas emociones negativas en la mayoría de los casos se expresan con ira.

Ejemplo 1: Si la otra persona dice: "Yo no tengo tiempo de atenderte ahora, estoy ocupado en algo importante". Y tú le dices: "Quieres decir que yo no soy importante, yo sabía que para ti cualquier cosa es más importante que yo", estás sacando la conversación del contexto para asumir un hecho haciéndote la víctima y este acto hará que la otra persona se defienda con más palabras o se ponga furiosa.

Ejemplo 2: Uno de los dos usa el sarcasmo y trata de cortar la conversación haciendo comparaciones, y para esto acude a supuesto, defectos del otro: "Tú eres igual a tu papá de flojo, de lento, de bruto" o "tú eres igual a tu mamá de peleona, de controladora y celosa".

Errores de la comunicación en la pareja

Pongamos un ejemplo claro en el caso de Andrés, aunque es posible que él tuviera hambre, estuviera cansado del trabajo, se sintiera decepcionada o le irritara que María en vez de prepararle su cena se pusiera a ver la televisión, nunca debió decir: **"Yo para ti no soy importante, esa novela vale más que yo"**, o **"el único valor que yo tengo en esta casa es el de trabajar como un burro, para sostener la familia"**. Andrés estaba poniendo palabras en la boca de María que ella no había pronunciado, también estaba juzgando los sentimientos de ella. Esto irritó a María, la cual respondió con las mismas acusaciones: "Tú crees que yo soy una esclava", o "Tú pretendes decir que yo me paso todo el día arroscándome la –N–". Los dos están tratando de comunicarse desde una postura de acusación y de víctima.

Otros de los errores que las personas cometen en la comunicación es cuando utilizan palabras ofensivas o palabras que se consideran vulgares. Quizás en tu casa esto no pasa, pero sí en muchos de nuestros hogares hispanos, en los cuales lo hacen como un hábito cotidiano y normal. El hecho de que estés en tu casa y haya confianza con la persona que está a tu lado, eso no implica que no tengas delicadeza de acción y de palabras. En cualquier caso, la buena comunicación va a requerir del buen juicio de los implicados o, en el peor de los casos, de uno de ellos. **Éste deberá juzgar la situación con sangre fría y con suavidad.**

Un ejemplo sería decir: "Está bien, veo que esta conversación se está saliendo de contexto, o está tornando en un tono muy fuerte, ¿qué te parece si lo dejamos para mañana?, lo podemos hacer a X hora, y por favor trae lo que te está molestando y preocupando en un bosquejo, que yo voy hacer lo mismo. También mañana sería bueno discutir las reglas o cuáles serían los parámetros bajo los que debemos resolver nuestros conflictos". Esto es importante, o de lo contrario, la comunicación se transforma en un "dime y direte", sin llegar a ninguna conclusión y en la mayoría de los casos se torna violenta y ofensiva.

Preguntas claves, después de leer la historia de Andrés y María:

¿Cuál tú crees que fue el principal problema en la manera de comunicarse entre Andrés y Mara? ....
....
....
....

¿Qué tú evitarías en una comunicación similar? ....
....
....
....

¿En tu matrimonio ocurren casos similares? Descríbelos.

....
....

De ahora en adelante, ¿qué piensas hacer para mejorar tu nivel de comunicación y comprensión con tu cónyuge? ....
....
....
....

Capítulo IV

Malos entendidos, malos resultados

Los malos entendidos producen malas acciones y las malas acciones, malos resultados. Cuando Andrés apagó el televisor en el que María estaba viendo la novela "Mary Mar", ésta se puso furiosa como una leona que cuida a sus cachorros. Le saltó al cuello sin darle tiempo a reaccionar. Andrés se dio cuenta de su situación cuando María le había pegado las uñas en todo el cuello, los brazos, la cara y el pecho.

Éste, al verse bañado en sangre, corrió a la cocina a buscar un cuchillo y terminar con ese demonio del mismo infierno. Ésta, al verlo tan decidido con un cuchillo en la mano, se tiró al piso y poniéndose la mano en la cabeza dio un grito: **"Ay, mamá, se muere tu hija"**. Éste al verla suplicando por su vida volvió en sí, tiró el arma y cogió el televisor de la mesa donde estaba y lo lanzó al canal de agua que estaba cerca de la casa. Inmediatamente corrió para la casa de la suegra tratando de buscar un mediador. Unos de los problemas que tienen los matrimonios, son los padres (suegros), éstos cuentan a sus padres o enteran a sus padres de los conflictos que tienen como pareja trayendo como resultados que ellos se deriven a defender a uno o al otro, pero sin querer aumentan los conflictos.

"El que se casa, quiere casa", decía mi abuelo, creo que este dicho estaba basado en lo que Dios le dijo Adán y Eva en sus principios: "Dejará el hombre a su padre y a su madre y se unirá a su mujer y serán una sola carne y lo que Dios juntó no lo separe el hombre". De esta declaración nos atrevemos a sacar tres conclusiones:

Primero: Nadie debería meterse en una relación de pareja para opinar en sus diferencias, excepto consejeros que ellos soliciten.

Segundo: Los esposos solo podrán crecer y permanecer juntos, si se les deja solos. Muchas parejas que no se entienden terminan estándolo al tener que depender el uno del otro.

Tercero: "Se unirá a su mujer" en su aplicación primaria fue un mandato dado para el hombre, el hombre tiene muchas tendencias a seguir ligado a su madre debido a que ella es la parte femenina perfecta para él, pero cuando el hombre se casa, su mujer debe ser la perfecta para él.

Cuando Andrés llegó a la casa de la suegra con la camisa rota y la cara, el pecho y los brazos cortados, ella se puso la mano en la cabeza y clamó: **"Ay, mi hijo, ¿qué te pasó?"**. Él, inmediatamente, le explicó: **"El demonio que usted tiene de hija casi me mata"**.

Suegra: "Ay, hijo, no me digas que cometiste algún error maltratando a mi hija".

Andrés: "No, gracias a Dios que mi papá me enseñó que el hombre que sabe lo que es ser hombre no le pega a una mujer, de lo contrario ella no lo estuviera contando".

Suegra: "¿Y qué hiciste?".

Andrés, apretando los puños de la ira, le dijo: "Bueno; si "Mary Mar" no sabe nada, a esta hora está ahogada".

Airaos, pero no pequéis

Esta es una declaración bíblica hecha por el apóstol Pablo que nos muestra que podemos sentirnos incómodos y hasta decepcionados, pero no debemos tomar esta decisión para herir y dañar a los demás. **Con nuestras emociones debemos ejercitar el dominio propio.** Muchas conversaciones se tornan riesgosas y hasta mortales cuando las personas que la están llevando no tienen la capacidad de sostenerla en un tono amigable y sereno. De hecho, cuando la conversación pasa de la discusión a la agresividad, lo siguiente será el divorcio y a veces hasta la muerte. Cuando en la conversación se pierde el respeto, cuando no hay parámetros que rijan nuestras conversaciones, cuando se levanta el tono, cuando explotamos en ira o cuando le echamos la culpa a la otra persona, o siempre buscamos la falta del otro, es porque se ha perdido el control de las conversaciones y lo próximo que sale de las mismas son heridas profundas que dañan el corazón y que generan golpes, malas palabras, malas acciones o rechazo.

Una amiga, cada vez que su esposo hacia algo que a ella no le gustaba, estrellaba todo. Era chistoso porque cada reclamo que ella hacía, lo llevaba a cabo con un objeto en el piso. De esa manera rompía los muebles, los vasos, los espejos, la radio, la televisión, etc. Lo malo era que, aunque siempre amenazaba con irse de la casa, no se iba y terminaban comprando todo de nuevo. Este tipo de acciones y conversaciones son infantiles e inmaduras, pues no solo afectarán el desarrollo equilibrado de los hijos, sino que también les causará traumas y trastornos neuróticos. Su desarrollo tendrá un comportamiento neurótico y de baja autoestima. Cuando los hijos se casen, harán lo mismo y la cadena de divorcio y desdicha será interminable.

Lo que siembras, cosechas

Hay una ley la cual se llama "la ley de la siembra y la cosecha", que consiste en que todo lo que el hombre siembre, eso cosechará. Esta ley también se aplica en el matrimonio.

A continuación, le presentaré cómo funciona o se desarrolla el proceso de la ley de la siembra y la cosecha.

Tú eres　　　　　　　= Tú haces.

Tú hablas　　　　　　= Tú pones algo en movimiento.

Tú haces　　　　　　= Tu desarrollas un hábito.

Tú tienes resultados　= Tú desarrollas un carácter.

E + H + H + PM + DH + DC = R

Tu vida, tu matrimonio, tus hijos, tu finanza, tus negocios, tu crecimiento, tu felicidad, tu estabilidad, y tu pareja, son consecuencia de lo que has sembrado en tu vida. De tus creencias, tus pensamientos y tus palabras nacen todas las demás acciones y resultados, y es vital que tengamos cuidado con el uso adecuado de las mismas.

Tú eres como son tus pensamientos, tus creencias, tus paradigmas, tus emociones y el valor que tienes de ti mismo. Tu ser = es tu carácter. Tú hacer = son tus habilidades y tus hábitos son tus acciones.

Tu tener = son tus relaciones, tus negocios, tu matrimonio, tus hijos, tu familia, tu sociedad, tu carro, tu casa y tu finanza.

Las gotas que derramó el vaso

"Ésta es la gota que derramó el vaso", o la frase: "Tanto da la gota en una piedra hasta que le hace un hoyo", son frases usadas para decir que tanto se ha acumulado un problema, que ya la situación se ha hecho insoportable. Una vez mi profesor de primaria me llevó a un lado de la escuela y me mostró cómo una gotera de agua que caía en el concreto lo rompió. Éste es el mismo poder que tienen las palabras. ¿Por qué? Por dos razones:

Primero: Las palabras dan tanto en el mismo lugar, hasta que hacen un hoyo, aunque el lugar donde están pegando sea una piedra. Tanto decimos lo mismo y repetimos lo mismo, que comenzamos a ver manifiesto lo que tanto hemos dicho en toda nuestra vida.

En nuestro pueblo había un locutor muy conocido, su programa era un toque de queda en la mañana. Él, en su programa, siempre repetía estas palabras: "Para yo ponerme loco es mejor que me lleve el diablo, pues nadie quiere tratar con locos". Lo decía una y otra vez cada día en su programa matutino. Pero adivinen que pasó... Se volvió loco y terminó su vida solo y abandonado.

Tu pareja puede tener un carácter tan estable como una roca, pero si tú sigues quitándole valor, repitiéndole todo lo que no te gusta y lo que te gustaría que sea, al final quebrantará ese espíritu y en vez de un mejor ser humano tendrás un peor ser humano. Porque tanto dieron tus palabras contra esa alma, que le hicieron un agujero.

Segundo: Las palabras son gotas de agua y éstas son las que forman el océano de la mente. La Madre Teresa dijo: "Aunque las buenas acciones parezcan insignificantes como una gota de agua en un océano, sin esa gota el océano no sería lo que es"; cada gotita, aunque al caer en el océano se vea insignificante, es la acumulación de las mismas que lo componen y son éstas insignificantes gotas que lo hacen limpio o contaminado. Al matrimonio le ocurrirá lo mismo. Cada palabra que tú dices hará tu océano un lugar mejor o peor de visitar.

Dos personas se casan, pero debido a que una de las dos o las dos no les da cuidado sobre cómo se comunica, al tipo de palabras que usa, tampoco se preocupa si hiere o no con éstas, romperá el corazón de su pareja por fuerte que éste sea. Veo muchos hogares destruirse o parejas que terminaron en divorcio, y la razón por la que muchas veces terminan en ese estado es porque no se comunican de la manera correcta. Un hombre o una mujer que constantemente hiera con palabras a su cónyuge, lo quebrará y es de allí que salen los engaños, las infidelidades, los prejuicios, los rencores, la desesperanza, los celos, la ira y la contienda.

Concluimos, entonces, diciendo que el uso adecuado de las palabras es vital para construir o destruir un matrimonio. El océano de tu matrimonio puede estar limpio o contaminado; todo depende de cómo tú lo hayas construido.

Capítulo V

Factores que influyen en una comunicación sin límites

Sandra, hace años, mientras impartía una serie de conferencias en un sector de mi país llamado el Pescozón, se fue la energía eléctrica (en ese tiempo en mi país no se iba la luz, porque no llegaba); y tuve que hablar sin micrófono. Era una temporada de campañas políticas y allá es común usar sonidos fuertes para promocionarse. Yo, sin micrófono, me esforzaba tratando de que las personas me escucharan. Pero el ruido que venía de la camioneta que llevaba las bocinas, hacía que el lugar donde yo estaba temblara, por lo que trataba de mantener a las personas enfocadas en el evento, haciéndoles chistes y preguntas.

Las personas se reían y gozaban, pero de pronto comencé a ver a una mujer entre la multitud que me miraba y señalaba, y no con cara de buenos amigos. Por su vestimenta y porque ya antes la había visto en la puerta dándole la bienvenida a los que entraban, supe que era parte de los coordinadores del evento.

En medio de la reunión, ella caminó entre la gente y se fue a la puerta principal donde había dos compañeros que servían como guía. La reacción del público mientras hablaba era muy importante para mi entusiasmo como orador. Un ejemplo es que, si estaba discursando en algún grupo de personas en particular y algunos de ellos hacía gestos de desánimo o inconformidad, se me trancaban los pensamientos y comenzaba a perder el control de mi oratoria.

Esta joven sí que me comenzó a inquietar y, mientras hablaba, mi mente me decía: "Tú ves, debiste cancelar el evento cuando te enteraste que no había energía, o debiste de exigir que en el lugar hubiera una planta de energía eléctrica privada, esto bajará el nivel de aceptación de tus conferencias". Los prejuicios, la baja autoestima y la poca seguridad en que las cosas van a salir bien, es un enemigo de la comunicación en todas las esferas, pues nos hacen reaccionar en vez de accionar. Cuando reaccionas a un evento en vez de generar una solución en los obstáculos que éste presenta, te comienzas a enfocar en otras cosas menos importantes.

> *Los prejuicios, la baja autoestima y la poca seguridad en que las cosas van a salir bien, es un enemigo de la comunicación en todas las esferas, pues nos hacen reaccionar en vez de accionar.*

Terminé mi conferencia muy desanimado, y cuando terminé, la mujer se me acercó y me expresó:

—No se vaya, deseo hablar con usted, si usted me lo permite.

Me hice a un lado y esperé que todos se fueran. Mi mente me repetía una y otra vez: "Tú ves, ahora, ésta quiere venir a corregirte o criticarte como si ella fuera tu maestra".

Para tener buenas relaciones es necesario vencer los prejuicios de la mente, muchas personas cuando alguien le va a decir algo, antes de que éste termine, han interpretado su conversación y por causa de no saber escuchar o del prejuicio, dan una mala impresión al otorgar una mala contestación o teniendo una mala actitud.

Cuando ella llegó donde estaba, me puse con una actitud de autodefensa. Pero ella bajó mis defensas cuando me dijo:

—Mientras usted hablaba, parecía que alguien le había contado mi vida y le había abierto mi corazón para que leyera en el mismo. Yo soy esa persona que no controla sus temperamentos, que se estrella en la casa, que no es paciente con sus hijos, que maltrata a su esposo casi todo el tiempo y que no se entiende ni ella misma. A mis compañeros de la puerta le estaba dando las gracias por permitir que usted viniera a compartir con nosotros. Gracias por todo lo que ha hecho esta noche aquí, mi vida ha sido tocada y estoy dispuesta a pagar el precio del verdadero cambio.

Extendí la mano y la saludé con entusiasmo, ella con sus palabras había tocado mi vida. La joven con lágrimas en los ojos dio media vuelta y se fue, y no la vi por mucho tiempo. Dos años después estaba dando unas conferencias en Licey, una pequeña ciudad situada a cuatro Kilómetros de la segunda ciudad principal de mi país y a unos cien Kilómetros de mi pueblo natal. En ese entonces yo era ministro de una gran organización religiosa y, para atraer nuevos creyentes, usábamos el método de dar conferencias de ámbito social y superación personal. Este método era algo fabuloso y hoy sé que a través de ese proceso Dios me estuvo preparando para todo lo que he podido hacer como escritor y conferencista.

Una noche después de la presentación, se me acercó un hombre de piel blanca, de ojos azules, y cabellos plateados. Me saludó al terminar, con mucho entusiasmo, y me expresó: "Hace un tiempo usted estaba hablando en mi ciudad y mi hermana estuvo con usted allá, ella se le acercó y le expresó todo lo que usted había hecho con su mensaje. Hoy ella me motivó a venir a verlo, y gracias le doy por eso. Ella está por algún lado del salón, pero yo quise adelantarme y hablar con usted, porque mi hermana es otra mujer en su matrimonio, su manera de criar a los hijos y de hablar es diferente. Ya no grita, no pelea en la casa, etc. Todos en la familia somos iguales; es como una maldición, por eso yo vine aquí, porque también quiero cambiar, y ser mejor esposo, padre y amigo, quiero cambiar".

Cuando él decía que todos en su familia eran iguales, se estaba refiriendo al temperamento que dominaba en esa familia. Los temperamentos son rasgos genéticos, herencias de los padres y los antepasados. Muchos de los problemas de comunicación, y demás, que las personas tienen en la familia, en la sociedad y con los hijos o con el cónyuge, incluso con los amigos, no tiene nada que ver con ser malas o buenas personas, sino con sus temperamentos y el desconocimiento de los mismos. Si puedes educarte en cómo moldear o controlar los descontroles temperamentales, puedes cambiar tu personalidad y la imagen que los demás tienen acerca de ti. Es por eso que me atrevo a especificar que los temperamentos son los factores de influencia más importantes para una buena comunicación.

Los temperamentos son rasgos genéticos, herencias de los padres y los antepasados.

Los temperamentos

Ahora bien, Sandra, tú que estás tan callada, yo quiero preguntarte: ¿Estás de acuerdo de que los temperamentos influyen en la comunicación positiva o negativamente? Y lo otro es: ¿Estás de acuerdo que los temperamentos afectan nuestro comportamiento para bien o para mal?.

Bueno Wilson, la verdad es que me estás haciendo dos preguntas las cuales yo podría contestar cortantemente con un sí o un no, pero debido a la importancia de este tema me gustaría hablarles a nuestros lectores un poco de lo que son los temperamentos y de donde viene su origen. Todo comenzó cuando el filósofo griego Hipócrates, cuatro siglos antes de Cristo, definió los temperamentos en cuatro personalidades que son: Sanguíneo, Colérico, Melancólico o Flemático. Todos los seres humanos somos una combinación de dos o más de los cuatros temperamentos básicos, aunque lo más seguro es que uno de los cuatro sea el predominante. **Ningún temperamento es mejor que otro.** Las diferencias de los temperamentos en una pareja pueden ser positivas, pero puede ser lo contrario si en esa persona sobresalen los rasgos negativos de sus temperamentos y no quiera hacer nada para cambiar tales rasgos.

Debido a que los temperamentos son rasgos genéticos, muchas personas piensan que estos son un problema. Pero la verdad es que ningún temperamento es una maldición o una bendición, todos son rasgos del individuo y la educación es esencial para que éstos sean moldeados.

Quiero brevemente darte las características de cada uno de los temperamentos y de esa manera podrás identificarte con algunos.

Sanguíneo:

• Conversador, expansivo y exuberante. Usa un tono elevado y grita a menudo.

• Se siente compelido a hablar y hacer el foco de la atención.

• Tiende a la superficialidad y la exageración.

• Mal oyente: con limitada capacidad de atención y gran facilidad para distraerse.

• Suele hablar antes de pensar.

• Sus decisiones se basan más en sentimientos del momento que en el razonamiento analítico.

• Pocas veces disimula su enojo o mal estar debido a que es extrovertido.

- Explota con facilidad, pero difícilmente guarda rencor.

- Alegre, ruidoso, expresivo y de agradable disposición.

- Como nunca le faltan palabras, suele ser envidiado por las personas tímidas.

Colérico:

- Extrovertido que también habla mucho, pero de modo más deliberado que el sanguíneo.

- En los diálogos detesta los detalles, que son el deleite del sanguíneo.

- Tiende a formular numerosas preguntas inquisitivas.

- Se concentra en lo interesante y significativo de los asuntos.

- A diferencia del sanguíneo, no demuestra simpatía fácilmente, y puede mostrarse indigente a las necesidades de los demás.

- Testarudo, dominante y mandón.

- Es intuitivo y rápido en sus valoraciones y juicios. No confía en los análisis teóricos.

- Siempre quiere llevar la razón. Y gracias a su mente aguda y sus sentimientos prácticos, con frecuencia la tiene.

- Suele vencer en las disputas.

- Cuando discute, a menudo es irónico, e incluso burlón y sarcástico.

Melancólico:

- Introvertido, le resulta difícil enterarse de qué es lo piensa o siente.

- Confía en el razonamiento analítico.

- Su mente inquisitiva posee la habilidad de valorar todos los aspectos de cada situación.

- Hablará después de haber pensado y realizado un cuidadoso análisis.

- Mientras el colérico se aburre con los detalles, el melancólico se siente muy a gusto con ellos.

- Puede manifestar diversos estados de ánimos y vacila entre altos y bajos, a veces se encuentra retraído, deprimido e irritable; en cambio otras veces se muestra animoso, amigable, e incluso locuaz.

- Se deja dominar por los sentimientos, así que a menudo le resulta difícil realizar el ajuste emocional en su vida.

- Perfeccionista, habilidoso, muy sensible.

- Le resulta muy difícil expresar sus verdaderos sentimientos.

Flemático:

- Habla con mensura, calma y reflexión. Seco y tajante en sus afirmaciones, e incluso a la hora de bromear.

- Se enoja con dificultad.

- Evita las confrontaciones. Su divisa es paz y tranquilidad a cualquier precio.

- Aunque pocas veces se muestra nervioso, siente más emoción de la que aparenta.

- Mesurado: No ríe demasiado fuerte ni llora ostensiblemente.

- Sus expresiones faciales son difíciles de interpretar, pues parece imperturbable. Causa la impresión de estar distante y de no ser emotivo.

• Se mantiene ajeno a lo que sucede a su alrededor, y no proporciona información con facilidad.

• Posee una mente bien estructurada, y se inclina hacia el análisis y la deducción.

• Su estabilidad lo hace digno de confianza.

• Su seco sentido del humor resulta atractivo para muchos, pero puede resultar aburrido para el cónyuge.

• Es considerado digno de confianza y agradable a menos que su manera de ser calmosa y metódica, irrite alguien más temperamental.

Las necesidades tanto del hombre como de la mujer

Sandra, lo más lógico es que toda persona exprese o demande necesidades. El ser humano fue creado para avanzar y para evolucionar en todos los aspectos, este sentir de no quedarse estático en donde está le da la sensación de que le falta algo que debe ser suplido. El cerebro tanto del hombre como el de la mujer tiene dos hemisferios. Las personas maduras, de uno y otro sexo, tienen que usar ambos hemisferios del cerebro para vivir con plenitud y provecho. Deben combinar en proporciones variables según los hechos y las circunstancias de la lógica y los sentimientos.

Nada se hizo al azar y esta creencia es muy importante cuando trabajamos con personas que buscan un cambio. Todo fue hecho perfecto en simetría y dimensión. Qué admirable obra la del Creador: Estableció como dominante en el hombre la capacidad analística, y en la mujer, la emotiva. Ambas son necesarias para que cada uno se realice en su totalidad, y para que trasmita una escala de valores equilibrada. Mas, sin embargo, como ya hemos visto estas necesidades pueden variar dependiendo del tipo de temperamento del uno y el otro.

Resulta difícil suponer que hombres y mujeres vayan a reaccionar siempre de acuerdo con lo que se espera según su sexo. Así que ni uno ni el otro tiene en un momento dado idénticas necesidades emocionales o la misma forma de pensar. Pero reconocer que las diferencias fundamentales del cerebro masculino y femenino afectan al proceso de comunicación, nos ayuda a discernir cómo suele pensar y de qué manera va a reaccionar cada mitad de la humanidad.

El temperamento, un factor determinante

Es posible que no exista otro factor más determinante en las relaciones interpersonales y, por lo tanto, en la comunicación, que el temperamento individual.

La teoría de los temperamentos fue iniciada por Hipócrates, el famoso griego del siglo V a.C. Como ya Sandra dijo anteriormente, éste clasificó a los seres humanos en cuatro categorías temperamentales básicas:

Sanguíneos, coléricos, melancólicos y flemáticos. Aunque en la actualidad existen otras clasificaciones, quizás más precisas, como, por ejemplo, el autor Tim Lahaye define que hay doce clasificaciones de temperamentos. Él lo define así: "EL SAnCol, EL SanMeL, El SanFleM, EL ColSan, EL ColMeL, EL ColFleM, EL MelSan, EL MeLCoL, EL MelFleM, EL FlemSaN, EL FlemCol, EL FlemMeL. Estas clasificaciones también son aceptadas por diversas escuelas psicológicas, pero la elaboración hipocrática nos parece que sigue siendo válida para una obra como ésta, pues resulta sencilla y práctica.

En relación con el tema que nos ocupa, hay que tener en cuenta que, por ejemplo, el sujeto sanguíneo no se comunica de una manera mejor que el colérico. Simplemente sus pautas de comunicación son distintas. Además hay que tener siempre bien presente que nadie posee un único temperamento, si no que todos somos mezcla de los cuatro, aunque normal es que predomine uno de ellos en cada individuo, y que los otros tres temperamentos también formen parte de nuestro propio ser en diversos grados, pero en un nivel secundario. El temperamento viene determinado por la herencia genética, no se puede cambiar, aunque sí canalizar positivamente. Algunos temperamentos también facilitan nuestra capacidad de escuchar adecuadamente, pero todos podemos desarrollarlos cuando los educamos.

Si trato el tema de los temperamentos, entonces, tengo que admitir dos cosas.

La primera: Todas las personas poseemos uno de los cuatro temperamentos, el cual es dominante en nuestra personalidad. Y éste determina en el individuo su nivel de comunicación y comportamiento.

La segunda: Ningún temperamento es mejor o peor que el otro, pero sí alguno suele verse más llevadero y más sensible que otro. Basado en esta premisa, cuando de pareja se trata, éstos deben descubrir cuál es su temperamento dominante y ajustarse el uno al otro para tener una relación más llevadera.

Capítulo VI

El arte de la comunicación sin límites

Wilson, una de las cosas que he podido aprender a través de los años es que ninguna persona puede ganar una discusión discutiendo. Una buena discusión no es una discusión buena. A veces podemos ganar un argumento, pero perder lo más importante, como el amor, la amistad, el aprecio o el respecto de las personas que amamos. Wilson, cuando estábamos vendiendo libros para poder ir a la universidad aprendimos de la autora Nancy Van Pelt algunas fórmulas para comunicarnos de manera más efectiva. Mi sugerencia sería tomar esos ejemplos y enseñarles a nuestros lectores cómo resolver algunos conflictos.

Ejemplo n° 1:

Resolviendo un conflicto familiar

Wilson piensa que Sandra no se preocupa lo suficiente por su familia, algo que le causa mucha preocupación y tristeza. Esta conversación, ficticia, se desarrolla a partir de una actividad familiar donde el hombre no está satisfecho por el hecho de que él piensa que ella tiene favoritismo con su familia y no actúa igual con la suya.

Wilson (mensaje en primera persona): "Me dolió mucho cuando sugeriste invitar a tus parientes a mi cumpleaños, pero no dijiste nada de invitar a los míos. Eso me hizo pensar que no aprecias a mi familia".

Sandra (mensaje de interés compartido): "Si te he entendido bien, me parece que estás molesto porque piensas que me apetece tener a mi familia en casa para tu cumpleaños, pero no a la tuya".

Wilson (mensaje en primera persona): "Exactamente. Tu familia me cae estupendamente, pero me molesta que no tengas en cuenta a la mía, y más cuando se trata de mi cumpleaños. Así que me parece que mis deseos deberían tomarse en cuenta, y que también deberíamos invitar a mis parientes".

Sandra (mensaje de interés compartido): "Por lo que dices deduzco que estás resentido por este asunto, y me da la impresión de que te has estado reservando tus sentimientos".

Wilson (mensaje en primera persona): "Pues sí. Además, desde mi punto de vista…".

Como vemos, no tienen una solución aún, pero Sandra tiene un cuadro más claro del que Wilson tiene. Basado en esa conversación y que Wilson le abrió su corazón a Sandra, podría llegar a la conclusión de que él está en lo correcto, y ambos podrían pasar a la etapa del reconocimiento para hacer un nuevo acuerdo y buscarle una resolución al problema.

Sandra (declaración de aceptación): "Me doy cuenta de la frustración que te ha causado esta situación y me parece que reaccionaste de una forma lógica. Seguramente yo en tu caso habría reaccionado igual. **Disculpa y resolución:** Siento haberte disgustado al no incluir a tu familia con tanta frecuencia como la mía. A veces pienso que tu familia nunca me ha aceptado, así que yo no me siento a gusto con ellos. De ahora en adelante trataré de tomar más en cuenta tus sentimientos e incluir a tu familia. Te ruego que me perdones.

Debido al debate, a esta pareja se le presentó otro problema durante la fase de resolución. Porque si notan, la esposa está dejando saber que sus acciones tienen un origen y no son parte de una casualidad o descuido. Tomando en cuenta su preocupación, el ejemplo de la conversación va a ser cambiado y Sandra será quien emita el mensaje, mientras que Wilson lo recibe.

Ejemplo n° 2

Wilson (mensaje de interés compartido): "Acepto tus disculpas, pero también veo que no te sientes aceptada por mi familia. Eso me preocupa y me gustaría comentarlo contigo".

Sandra (mensaje en primera persona): "Justamente. Sé que tal vez no lo comprendas. Pero me siento una inútil cuando estoy con tu madre. Tengo la sensación de que no soy capaz de hacer nada bien".

Wilson (mensaje de interés compartido): "Mi madre es el origen del problema... Y eso te está afectando bastante. Dime, dime...".

Sandra (mensaje en primera persona): "¿Te acuerdas cuando vinieron de visita en Navidad? Lo único que pedí que trajera fue...".

Cada vez que un cónyuge comparte un problema, debería hacerlo en forma de mensaje en primera persona del singular (yo). Hay que permitir que quien tiene el problema continúe compartiéndolo hasta que ya haya expresado todos sus sentimientos, mientras el otro escucha con interés solícito. En la mayoría de los casos sucede que al expresar los sentimientos que están ocultos, todo se suaviza y esto da un paso a la disolución del problema: "Ésta es una forma ordenada y madura de resolver cualquier diferencia".

No siempre se encontrará de inmediato una solución. Pero cada uno podrá saber exactamente cuál es la posición del otro. Quizá esto no parezca muy importante, pero el número de parejas que no puede resolver su conflicto, por no saber cuál es la posición del otro, es enorme. Esas parejas suelen hallarse tan ocupadas tratando de demostrar quién tiene la razón y quién está equivocado, que nunca han sido capaces de enterarse de lo que el otro estaba realmente sintiendo o diciendo, y por lo tanto tampoco se han ocupado de la auténtica causa de sus dificultades. Puesto que el verdadero problema nunca se desentraña, continúan conviviendo como adversarios durante muchos años.

Preparación para resolver los confitos

Todo resultaría relativamente fácil, si no tuviéramos que ocuparnos de sentimientos heridos por no haber sido invitados nuestros padres a una fiesta de cumpleaños. (No se comprende la frase). La vida es, por supuesto, bastante más compleja. Pero estos conflictos aparentemente pequeños, sí son relevantes. Si no se resuelven los pequeños conflictos, éstos se manifestarán en problemas serios. Incluso dentro de las mejores relaciones interpersonales surgen conflictos serios; pero que pueden resolverse eficazmente cuando la pareja se halla advertida y preparada, y conoce la mejor estrategia para actuar en cada caso.

Para tener éxito en resolver un conflicto, debemos tomar en cuenta lo siguiente:

a) El mejor momento:

No tiene ningún sentido intentar resolver problemas serios cuando ambos cónyuges se encuentran bajo el influjo del enojo u otros sentimientos o emociones negativos. "No dejes que el sol se ponga sobre tu enojo", aconsejaba Pablo en su Epístola a los Efesios.

¿Resulta hoy válido, desde el punto de vista psicológico, este consejo?

Lo ideal es que las diferencias de opinión que hayan surgido durante el día sean resueltas con rapidez dentro del marco de referencia del amor. A menos que nos ocupemos de ellas de este modo, corremos el riesgo de que a la mañana siguiente hayan adquirido un tamaño desproporcionado.

Una advertencia sobre este consejo es que no intentes resolver un problema importante cuando falta poco tiempo para ir a dormir. Por diversos factores, como la fatiga y la tensión emocional, disminuye la eficiencia mental y aumenta la irritabilidad. Un asunto realmente importante casi siempre puede esperar hasta la mañana siguiente.

Ahora bien, no posterguen el examen de esa situación más de 48 horas. Dilatar indefinidamente el análisis del asunto, podría resultar tan destructivo como la actitud de negarse a tratarlo alejándose del cónyuge que inicie el conflicto.

b) El lugar oportuno:

Wilson, yo creo que una de las claves para tener una co-municación sin límites es encontrar un "territorio neutral". En ausencia de los hijos, la sala de la casa suele resultar un lugar adecuado. El dormitorio y la cocina, en cambio, pueden provocar reacciones negativas en ciertas parejas. Algunos psicólogos recomiendan, a los que puedan, que vayan a un hotel, u otro lugar similar, para ocuparse de problemas serios con el fin de evitar las interrupciones u otros inconvenientes. Los peor que le puede pasar a una pareja que quiere resolver un conflicto, es no resolverlo.

Si no se puede disponer de un lugar discreto, cualquier habitación de la casa que tenga dos sillas que les permita sentarse frente a frente puede ser Útil. Asegúrate de que no habrá interferencias y que otras personas externas no estarán en la casa. Es preferible que los niños no estén en casa y que el teléfono y los celulares permanezcan apagados y desconectados. Las interrupciones crean tensiones debido a que las personas sienten que nunca van a poder terminar la conversación, y por la falta de libertad que producen al comunicarse.

Lo que nunca debe hacerse durante una discusión conyugal

• Injuriar o denigrar a la otra parte. Declarar amenazas de algún tipo, como de separación o suicidio.

• Referirse negativamente a los suegros, o a otros familiares o amigos.

• Hacer referencias degradantes sobre el aspecto físico del otro.

• Despreciar la capacidad de comprensión o la inteligencia de la otra parte.

• Poner en duda la buena voluntad o las intenciones del cónyuge.

• Usar algún tipo de violencia física, aunque solo sea en fase de amenaza.

• Interrumpir al otro cuando está hablando.

• Gritar.

• Usar un lenguaje despectivo o grosero.

• Decir "tú siempre" o "tú nunca...".

• Juzgar las intenciones del otro.

• Condenar por algún error o mal acto las creencias religiosas o los esfuerzos que la otra persona hace, declarándolo como falsos o como inservibles.

• Castigar a la otra persona con el silencio, mostrando una actitud de disgusto.

- Tomando los errores que se cometan en el diálogo como algo personal y acusar por ellos a la persona como insensible.

- Tomarse la conversación como un asunto personal.

Capítulo VII

Aprendiendo a escuchar sin límites

En una de mis charlas hice una prueba sobre el nivel de comunicarse de las personas y su capacidad de para escuchar correctamente. Hice pasar doce personas al frente y le fui dando frases para que la fueran transmitiendo uno al otro. Los resultados fueron que al final de la fila las frases estaban totalmente distorsionadas y el mensaje era completamente diferente al que yo había tratado de transmitir.

Quiero especificar que hay una diferencia entre oír y escuchar. Sandra, no sé tú, pero a través de los años tratando con personas he notado que las personas confunden mucho estos dos términos. Cuando hablo del término "escuchar", tengo que dejar claro que no es lo mismo oír que escuchar. "Oír" se refiere al proceso automático en el que las ondas sonoras inciden sobre el tímpano y ponen en acción los pequeños órganos del oído medio e interno. "Escuchar" es algo que se tiene que aprender. El proceso de escuchar consiste en prestar atención a lo que alguien dice. Escuchar exige una selección consciente de lo que queremos que ocupe nuestra atención.

Según los expertos, el 70% del tiempo que estamos despiertos lo pasamos comunicándonos con personas, hablando, leyendo, escribiendo y escuchando. **Dedicamos de ese tiempo, un 33% en hablar y un 42% en escuchar.** Puesto que dedicamos una cantidad considerable de tiempo a escuchar, esta actividad adquiere gran importancia en nuestra vida.

Tenemos dos oídos y solo una boca, pero muchas personas piensan que comunicarse es solo hablar, mas, sin embargo, la comunicación es más escuchar que conversar. La pregunta aquí sería: ¿Cómo puedo yo convertirme en un buen comunicador? La respuesta es, escuchando.

Pasos para aprender a escuchar:

1) **Mira al comunicador a la cara.** Una vez fui a una oficina y la persona que me atendía no quitó la mirada del computador, después de advertirle sobre el asunto sin que remediara el problema en seguida me despedí y no hice negocios con él. Es necesario mirar a las personas a los ojos. En esta técnica es necesario tomar en cuenta hacer algunas pausas quitando los ojos levemente, no sea que la persona interprete que lo está retando o se comience a sentir incomoda.

2) **Toma una postura correcta.** Si estás sentado, toma una postura recta, pero no rígida e inclínate un poco hacia el frente. Esta postura muestra un gran interés en el receptor sobre lo que le están comunicando.

3) **Haz gestos corporales que muestren interés en la conversación.** Sin mostrar exageraciones, levanta un poco las cejas, inclina la cabeza y muévela en señal de aceptación, sonríe cuando la conversación lo requiere y has algunos gestos de afirmación con la cabeza.

4) **Acompaña tu buena actitud de escuchar correctamente con frases adecuadas como:** "Estoy de acuerdo"; "claro, claro que sí"; "seguro, así es"; "tienes razón"; "afirmativamente".

5) Haz preguntas sensatas, corteses y oportunas, tales como: "¿Estás seguro que eso es lo que deseas hacer?"; "a ver si te puedo ayudar en lo que me pides... ¿Qué tú requieres de mí?"; "Déjame ver si estoy entendiendo bien, ¿lo que me estás tratando de comunicar es...?".

6) No interrumpas o contradigas. Muchas personas no toman el sentido de la conversación porque no dejan que el otro termine su frase o idea completa. Por otro lado, están más interesados en ganar una discusión que en exponer su punto de vista.

7) Escucha un poco más. Cuando piensas que ya terminaste de escuchar, prolongas tu atención por lo menos treinta segundos más antes de hablar.

Los malos hábitos que usamos al escuchar

Un hábito es una acción espontanea la cual se efectúa por un estímulo o reflejo condicionado (o sea, por reflejos automáticos). Los seres humanos somos personas de hábitos, porque éstos en cierto sentido nos simplifican la vida y nos la hacen más llevadera y, en la mayoría de los casos, más efectivos. Ésta es una de las razones por lo que nos acostumbramos a la repetición de los mismos.

La formación de un hábito tiene cuatro etapas: 1) inconsciente e inexperto. 2) consiente e inexperto. 3) consiente y experimentado. 4) consiente y experto. En la primera etapa el sujeto en cuestión no sabe que no sabe. En la segunda etapa sabe que no sabe. En la tercera etapa sabe que sabe. En la cuarta etapa no sabe que sabe.

En la primera etapa, la persona tiene un nivel de conciencia y habilidad cero, razón por la cual no le preocupa lo que ya otros saben. En la segunda etapa, la conciencia del individuo reconoce una necesidad o la importancia de adaptar un cambio a su vida, pero no tiene la habilidad para hacerlo y todavía no sabe si tendrá la voluntad. En la tercera etapa, la conciencia está totalmente despierta y la voluntad ejercitada, éste es el proceso del aprendizaje cuando una y otra vez la persona practica mientras mejora a través de superar los obstáculos y reponerse a las fallas. En la cuarta etapa, la conciencia permanece adormecida, aunque la persona hace todo en excelencia. Casi no usa la razón y es porque ya aprendió y experimentó tanto que se convirtió en un experto. En esta etapa todo el trabajo se le deja al subconsciente, todo se hace por rutina y la acción deja de ser una preocupación.

Los hábitos son muy importantes en el desarrollo de las habilidades del ser humano. El problema es cuando por formación, creencias o ignorancias, formamos malos hábitos y éstos hacen fortaleza en nuestra voluntad. Escuchar correctamente requiere la formación de un hábito, que va estrechamente ligado a muchos buenos hábitos como los que ya mencionamos para hacerlo con excelencia.

Unos de los grandes problemas en la comunicación es que en la mayoría de los casos no estamos listos para escuchar al otro. Esto para mí es un gran reto especialmente cuando yo entiendo que tengo la razón y que el otro está dando muchas vueltas en transmitir lo que quiere. Mas, sin embargo, saber escuchar lo es todo. Debido a nuestros temperamentos adquirimos malos hábitos en escuchar. Según algunos escritores, más lo que yo mismo he podido observar, éstos son algunos de los malos hábitos que se desarrollan al escuchar:

• Apresurarse a dar una respuesta sin tener todo el contexto de lo que el locutor está expresando.

• Ponerte en la posición de juez en vez de ponerte en la posición de la otra persona.

• Aparentar que eres insensible a los problemas de los demás.

• Dar a entender que la persona que está hablando contigo te está haciendo perder el tiempo.

• Mostrar que estás impaciente, moviéndote de un lado a otro, como si quisieras alejarte.

• No dar ninguna señal externa de que estás entendiendo y comprendiendo lo que te quieren decir.

• Anticiparse a lo que te van a decir dando una rápida respuesta.

• Completar las frases que el comunicador está expresando sin dejar que termine.

• Expresar en otros sentidos lo expuesto, con el fin de darle un contexto distinto del que tenía originalmente.

• Formular una pregunta que ya ha sido respondida.

• Contradecir lo que ha dicho el hablante, sin darle oportunidad a que pueda aclarar su sentimiento.

• Interrumpir al locutor dejándole entender que tú conoces todo sobre ese tema.

• Interrumpir el diálogo para hablar por teléfono o para dirigirse a otra persona.

• Acercarse en exceso a quien está hablando.

• Mirar mucho el reloj mientras la otra persona se está comunicando.

Capítulo VIII

Resolviendo conflictos sin límites

En cierta ocasión fui invitado por una pareja de esposos para que les ayudara a resolver un conflicto. La esposa se quejaba de que él no era fiel y que lo había descubierto con fotos y conversaciones no adecuadas en el teléfono. Cuando Sandra y yo nos reunimos con la pareja, nos dimos cuenta de que esta pareja era como un laberinto. Los conflictos se aumentaban cada vez que uno de los dos hablaba y, más que consejeros, parecíamos dos árbitros de boxeo. Yo me sentía muy frustrado pues no encontraba cómo hacerlo escuchar. Quería que ellos salieran mejor de la oficina de lo que llegaron. En mi opinión, si una pareja busca consejería, debería mejorar y no empeorar.

Ellos sacaban a la luz todos sus defectos y de alguna manera trataban de convencernos cuál de los dos era el culpable DE QUE SU MATRIMONIO NO FUNCIONARA. Finalmente lo miré y le dije: "No estoy aquí para servirles de árbitro, sino para apoyarlos con sus conflictos y lo primero que me gustaría que sepan es que no se resuelve un conflicto con más conflicto". Para apoyarlos en su situación, yo no requiero que ustedes me cuenten toda su vida y que se acusen uno a otro buscando cuál de los dos tiene la razón. Lo único que necesito saber es por qué quieren resolver sus diferencias y qué es lo que cada uno de ustedes le gustaría mejorar. Los dos respiraron hondo, me miraron fijamente y me pidieron perdón, entonces yo aproveché para que pudiéramos seguir las pautas para resolver un problema de manera constructiva y no destructiva. Los consejeros no son los árbitros de las personas, sino guías que a través de herramientas los apoyan en mejorar sus relaciones.

Wilson, con la experiencia que tengo de más de dieciocho años de casada y con la observación de otras parejas que vienen a pedirnos apoyo, he concluido que uno de los retos más grandes en la pareja al resolver un conflicto constructivamente es el dejar de tomar las cosas personales. Uno de los problemas más frecuente en la disolución de un reto marital es el ataque persona, pues en la mayoría de los casos la respuesta es sofocada y agresiva.

En el siguiente ejemplo vamos a presentar una pareja, la cual ya ha tenido múltiples situaciones negativas por causa de las presiones en el hogar y las cargas financieras.

Ejemplo n° 3:

Sandra: "Verdaderamente estoy cansada de tanto esperar por ti, parece que nunca vas a madurar y que nuestra situación económica nunca será distinta".

Wilson: "¿A qué te refiere en verdad?".

Sandra: "Es que siempre dices que me vas a dedicar más tiempo, que me vas ayudar con los quehaceres de la casa, pero siempre estás esperando a que mejoremos nuestra economía para trabajar menos, y ya me cansé, porque siento que nada va a cambiar entre nosotros".

Wilson: "¿Me pregunto si estarías dispuesta a seguir junto a mí llevando los retos que este hogar representa?".

Lo que él acaba de hacer es desviar la pregunta a un plano más positivo y más productivo, pues si notan ella está expresando el problema como si no tuviera una solución, pues ella ya no está dispuesta a seguir.

Sandra (deteniéndose para considerar la pregunta): "Sí, creo que podría soportar toda esta presión que me agobia si pudiera convencerme de que tú realmente te preocupas por mí".

Wilson: "Ya veo. A ver si te entiendo. Así que te parece que no me preocupo por ti de modo suficiente, y eso te hace sentirte muy frustrada".

Sandra: "Es que antes solíamos tener tiempo el uno para el otro... para hablar... para salir... solo tú y yo. Hace meses que no salimos sin los niños. Cuando termino de darles la comida y de acostarlos, estoy tan cansada que ya ni siquiera me importa verte o no verte. Y no digamos nada de hablar contigo o de hacer el amor".

Wilson: "Si no te estoy entendiendo mal, la verdadera razón por la que te sientes molesta, es que notas que nos estamos separando en vez de estar uniéndonos".

Sandra: "Justamente. Dedicas tiempo a jugar al tenis dos veces por semana, y sales con los amigos; pero no tienes tiempo para mí. Parece que nunca falta tiempo y dinero para hacer lo que a ti te apetece".

Wilson (molesto, pero no sube el tono de voz y no se muestra a la defensiva): "Te parece que no estoy siendo justo contigo, lo cual, lógicamente, te duele...".

Sandra: "¡Eso es! En realidad no me incomoda todo lo que me toca hacer. Muy bien, me gusta. Pero tengo que notar que tú te interesas por mí y por mis cosas, que formamos un equipo y que no somos dos personas que van cada una por su lado... Bueno... Estoy agotada. Apaga la luz y durmámonos".

Sandra corta abruptamente la conversación, pero Wilson no se defiende en ningún momento, a pesar de que pensaba que ella estaba exagerando. Tampoco intenta resolver todo el problema en ese mismo momento. El agravio hacia ella, manifestado por la esposa, lo conmovió. Uno de los problemas al resolver un conflicto es que las personas son impacientes y no saben esperar el momento oportuno. Es necesario ir preparado para resolver un conflicto, incluso con las pautas adecuadas. Para resolver conflictos, las parejas deben elegir el mejor momento del día, el cual tengo que especificar que no es la hora de acostarse, en el momento del almuerzo o cuando se está llegando del trabajo.

Habría sido muy fácil aplacar a Sandra si él le hubiera dicho: "Comenzaremos a salir juntos una vez por semana sin los niños. ¿De acuerdo?".

Eso habría resuelto el problema de inmediato, pero, ¿qué habría sucedido con todos los sentimientos e ideas negativas que ella había ido almacenando dentro y cómo se podría resolver lo que ella percibía que le estaba sucediendo a su relación conyugal? En lugar de intentar resolver el problema de inmediato, él le permitió que ella ventilara su resentimiento, lo cual fue un auténtico acto de interés y preocupación de su parte. Muchas personas se sienten muy cómodas cuando resuelven un conflicto de inmediato. Ellos creen que la falta de objeciones y la sujeción absoluta es una buena señal de rendición, pero no es así. La gente requiere sacar lo que hay en el corazón para poder sanarlo y para sentirse mejor con sus emociones. La gente siempre requiere expresarse.

Escuchar es intimar

Ella compartió su preocupación y él manifestó interés genuino. Eso constituye una magnífica muestra de intimidad. La comunicación sin límites requiere de un conocimiento profundo entre ambos cónyuges y éste no es posible sin una intimidad. Mis amigos y yo tenemos una amistad porque hablamos y compartimos, pero ellos no me conocen tanto como Sandra y yo nos conocemos. La razón es porque hay una intimidad mayor. Esa intimidad mayor la hemos construido paso a paso. Cuando nosotros nos conocimos, estábamos en cero intimidades, ahora ya no es así.

Ninguna pareja se casa en el 100% de intimidad, comprensión y confianza. Algunas quizás lo hicieron mejor que tú y yo, Sandra, pero no eran perfectos. Cuando Sandra y yo nos casamos nuestra comunicación era pésima. Yo soy colérico sanguíneo y me molestan los detalles de las actividades cursis de mi esposa melancólica, perfecta y flemática. Cuando hablaba con mi esposa, siempre le decía: "Termina, por favor, que no tengo tiempo para tanto rodeo". Esto me sucedía no solo con ella, sino también cuando hablaba con cualquier otra persona. En muchas ocasiones cuando era otra persona, no se lo expresaba por cortesía, pero lo dejaba notar, pues sin darme cuenta, mientras la persona hablaba, yo estaba haciendo otra cosa en mi mente, con mis palabras, o con mis gestos, o con mis manos, lo que no me permitía concentrarme en lo que me decían.

Lo otro era que no dejaba que los demás terminaran la conversación, los interrumpía, los interpretaba, los aconsejaba o los corregía sin escucharlos. En la mayoría de las veces me salía bien el consejo y llegué a pensar que tenía un don de Dios de interpretación y persuasión, pero no era más que un mal hábito que no me permitía resolver con éxito los conflictos de mi matrimonio, mis amigos, mis colegas y mis discípulos. En la mayoría de los casos, estos problemas se hacían más extensos, agresivos y bélicos.

Mi esposa me gritaba y me acusaba de insensible, y yo la acusaba de no tener suficiente visión de las realidades de la vida, de vivir en una irrealidad y no entender que la vida se enfrenta con carácter y valor. Por otro lado, las personas se resentían conmigo porque pensaban que yo la devaluaba.

Hoy en día Sandra tú y yo Hemos visto nuestro crecimiento con mucho esfuerzo y no pretendemos ser perfecto, pero podemos hablar y eso hace que podamos tener mejor intimidad y ser mejores amigos y amantes. El arte de la buena comunicación es un arte que vale la pena perfeccionar, esto podría tomarte una vida completa, pero dedicar tiempo a este arte vale la pena. Porque del mismo pende la felicidad, el éxito y la abundancia en todos los aspectos de la vida. La buena comunicación no se logra sin práctica, al igual que cualquier otro hábito cotidiano necesita mucha entrega y perseverancia. Aquí no estoy hablando del poder de las palabras o de pronunciar las palabras correctas para que las cosas correctas sean atraídas a nuestra vida, sino del arte de hacerlo correctamente en lo que es el tono, la técnica, la delicadeza, la velocidad y el volumen.

Concluimos pues que para resolver un conflicto debemos tener mucha paciencia en la comunicación y debemos desarrollar la capacidad de escuchar. Para resolver un conflicto debemos ser pacientes y desarrollar nuestra técnica de comunicación sobre escuchar y expresarnos. En muchas ocasiones puedo fallar en aplicar estas técnicas, depende el lugar, la situación, la ocasión y la persona, y si las aplicas a ti, también fallarás en ocasiones, pero mejorarás gradualmente, especialmente con tu pareja, que es la persona más cercana y constante en tu vida.

Capítulo IX

Comunicándome sexualmente sin límites

M aría y Juan se enamoraron y tuvieron un maravilloso noviazgo que los llevó a la decisión de casarse (todos los nombres que aparecen en esta historia fueron cambiados para proteger la historia original). En su primer año de matrimonio y, mientras estaban en la luna de miel, sin pensarlo satisfacían las necesidades básicas muy bien. Juan permanecía afectuoso, atento y tan cariñoso como lo fue en su primera cita. María respondía muy bien cuando hacían el amor y pasaban así mucho tiempo juntos planeando de su futuro en sus largas conversaciones. María tomaba clases de tenis para poder acompañar a su esposo en su deporte favorito.

María sabe que puede confiar en Juan, pues él es un hombre muy honesto en todo. Juan está muy orgulloso de su hermosa esposa y se siente muy satisfecho de cómo ella maneja los compromisos de la casa y su trabajo de secretaria de medio tiempo. Juan gana buen salario como analista en sistema, ambos han acordado que ella trabaje cuanto quiera, por lo menos por ahora.

María se siente satisfecha con Juan, quien demuestra que está a gusto con ella y que ama tener una familia. Ella se siente orgullosa de él y se lo dice a menudo. Esto es muy importante para un hombre, mas, sin embargo, cuántas mujeres se olvidan de este detalle, al contrario, tratan al hombre como si éste les debiera algo y como si ellas lo merecieran todo.

En su quinto aniversario, Juan todavía se encuentra muy locamente enamorado de María. Y ella siente lo mismo. Deciden comenzar una familia y la pequeña Mary llega al mismo tiempo que comienza su sexto año de matrimonio.

Hay una serie de cambios críticos en ese sexto año. María todavía es el gozo de la vida de Juan, pero él nota un incremento en los momentos de melancolía. Aunque Mary es una muñequita y sus padres la aman entrañablemente, aun así, crea nuevas demandas y experiencias negativas. El hecho de tomar turnos para cambiarle los pañales por las noches, más la decisión de María de no darle de su leche materna, hace que Juan se tome la responsabilidad de darle el biberón. Y como si esto fuera poco, María se esfuerza mucho tratando de perder el sobrepeso que le quedó del embarazo.

Cerca del segundo cumpleaños de Mary; María se pone nerviosa, pues ella está cansada de tantas cosas y además siente que debe trabajar tiempo completo, en vez de ser una secretaria de medio tiempo. Ella se siente incompleta. Quiere ser una secretaria más profesional y le gustaría ser una persona importante en la vida, pero no quiere comenzar hasta que todos sus hijos se independicen. Le pregunta a Juan si él objetaría que ella regresara a la Universidad y terminara su carrera, y obtuviera la Licenciatura de Admiración de Empresa: "Renunciaré a mi trabajo, cuidaré de la bebé por el día y en la noche iré a clases".

Juan se muestra entusiasmado con lo que está ganando en su trabajo y por ahora no necesita el salario de María para cubrir los compromisos financieros. Está dispuesto a cuidar la bebé y, además de eso, cuando ella tenga tareas, ayudarla tiempos extras para que ella avance cómodamente.

María comienza las clases y rápidamente en el proceso obtiene excelentes calificaciones. Pero éstas requieren de sacrificios y Juan no está nada feliz con esto. Lo que más le molesta ahora es que María casi nunca está de humor para hacer el amor. Juan entiende que los estudios demandan mucha energía y lo que queda debe ser usado en los quehaceres de la casa y en cuidar a Mary. En la hora de dormir, María se siente exhausta y Juan entiende que insistir en hacer el amor bajo esas condiciones sería poco considerado.

Juan se amolda al hecho de tener relaciones sexuales menos frecuentes y más apuradas cuando encuentra a María de humor. Pero también extraña las atenciones que ella le daba y también los partidos de tenis a los que ella lo acompañaba los sábados por la mañana. A cambio de eso, ella siempre está ocupada y, cuando tiene un poco de tiempo, lo dedica al bebé, los estudios y los quehaceres de la casa.

El alejamiento

Juan y María siguen así los siguientes dos años. Él no entiende por qué María dejó de ser la hermosa persona con la cual él se casó. Al contrario, ella parece muy distraída con sus libros y no comparte con él nada de sus tareas. Cuando Juan le ofrece ayudarla en su clase, ella sonríe y le dice: "Tú fuiste un estudiante muy bueno en Matemáticas, pero eso fue hace tiempo y, además, yo no estudio nada de Matemáticas".

María y Juan están en dos mundos diferentes. Ella se siente complacida con Juan, pues él la ayuda a seguir creciendo en sus estudios, pero él no se siente igual por no tener de ella lo que desea y lo que antes era normal. Aunque María sabe que no ha estado mucho tiempo con Juan y que no están teniendo sexo frecuente, le agradece el sacrificio que él hace y su total entrega a su familia. Ella siempre piensa: "Mi casa mejorará cuando pueda terminar los estudios". Esto hace que ella se esfuerce y se enfoque más en los estudios, que en su matrimonio sin darse cuenta lo que está sintiendo su esposo.

Una necesidad siempre te lleva a donde se puede suplir

Mientras todo esto está ocurriendo, Juan cada día pasa más tiempo en el trabajo con una atractiva gerente de producción llamada Mora. La compañía la transfiere al departamento de él y ellos comienzan a trabajar juntos de forma regular. Cuando el esposo de Mora la deja por otra mujer, Juan trata de darle apoyo y consuelo. Pasan los meses y la profundidad de la amistad se incrementa. Juan y Mora se sienten mejor a medida que conversan en la oficina y la cafetería. Ellos suelen compartir libremente lo bueno y lo malo sin límites. Hasta se comienzan a sentir cómodos cuando hablan de temas relacionados con sus intimidades sexuales.

Así que cuando juan comienza a sentirse frustrado por la falta de tiempo para el sexo (o para cualquier otra cosa), comparte su frustración con Mora y la encuentra bastante compresiva. En realidad, Mora le hace saber a Juan que, desde su divorcio, ella también se siente sexualmente frustrada.

Las semanas y los meses vuelan, y María termina su carrera y se lanza hacia su programa de Licenciatura. "Solo dos años más y se termina", le dice a Juan. "Has sido maravilloso al respaldarme de esa forma", Juan sonríe y dice que es feliz al hacerlo, pero dentro de sí siente otra cosa.

"Ella está tan enfrascada en conseguir su título, que no puede pensar en nada más", le dice Juan a Mora al día siguiente mientras toman un café. "Quiero que lo obtenga, pero me pregunto si el precio ha sido demasiado alto".

Unos días después, María está particularmente sobrecargada con los estudios y los exámenes semestrales. Al mismo tiempo, Juan está involucrado en un proyecto especial que lo obliga a trabajar mucho tiempo extra, con la colaboración de Mora. Una noche mientras Juan y Mora trabajaban hasta tarde, el hecho ocurre. En un momento, Juan le cuenta a Mora todo lo que siente por ella. Al momento siguiente, ella está en sus brazos, besándose y haciendo el amor con toda pasión.

Cuando todo termina y se preparan para ir a su casa a pasar la noche, Juan está bastante agitado y se siente culpable. Mora adivina este sentir y le dice que no quiere arruinar su matrimonio ni obstaculizar su relación con María.

"Mira", dice Mora, "tengo que ser honesta, me he enamorado de ti y quiero hacerte feliz. ¿Por qué no hacemos solamente el amor cuando podamos? Eso es todo lo que quiero".

En su regreso a casa, Juan no se siente tan culpable después de todo. En realidad, se siente bastante orgulloso. Sin ser culpable de nada, María, al fin y al cabo, es incapaz de satisfacer sus necesidades sexuales. Y Mora no quiere nada más que ser su pareja sexual temporal. "¿Por qué no dejarla, dado que es ayudarla a satisfacer sus necesidades, también?", razona Juan, "será solo por el momento, por supuesto, hasta que María termine sus estudios y pueda tener más energía para el sexo". Cualquier sentimiento de culpa, Juan lo anula con rapidez, con el pensamiento de sus necesidades insatisfechas.

Desde ese momento en adelante, Juan y Mora hacen el amor una vez por semana, y a veces más seguido. En menos de un año. Mora ha impactado a Juan y lo tiene entusiasmado. Lo mismo siente por María, ya que ésta no está haciendo o diciendo nada que lo haya incomodado. Cada encuentro sexual con Mora es extremadamente apasionado. En breve, Juan piensa que Mora es lo mejor, y se enamora perdidamente de ella.

Aunque Juan esté enamorado de Mora, esto no significa que no ame todavía a su esposa, pero ahora lo hace de otra manera, pues sin frustraciones sexuales, la relación de Juan con María mejora mucho. Incluyen a la pequeña Mary en todo lo que realizan juntos y hacen lo posible por disfrutar de todas las salidas familiares.

Cuatro cosas que debemos tomar en cuenta para no afectar la buena relación en el matrimonio

Lo primero es que cuando los esposos asumen que todo está bien y no son capaces de expresarse correctamente, en cuanto a cualquier necesidad o deseo que para ellos es importante, tarde o temprano terminan supliendo esa necesidad con alguien más.

Lo segundo es que la pareja tiene responsabilidades en su matrimonio y no puede renunciar a las mismas. María estaba haciendo algo bueno, pero la manera como lo estaba haciendo no fue correcta.

Lo tercero es que muchos esposos hacen lo mismo, se van para otro país o toman un trabajo que no les permite estar con sus esposas, el hecho puede ser bueno, pero la manera de hacerlo es incorrecta, porque permiten que lo que se supone que es para bien, los destruya.

En cuarto lugar, como los pleitos en el hogar son tan dañinos a la relación, una relación puede mejorar grandemente en cuanto a sus emociones el uno hacia el otro cuando el ambiente bélico desaparece. Juan y Mora se sienten mejor en su relación porque dejaron a un lado las tenciones, los pleitos, y las exigencias. Muchas personas piensan que el sexo los va a mantener juntos, pero éste no puede ser pleno, ni bueno; cuando las tenciones por discusiones en el matrimonio son frecuentes.

Entre dos mundos sexuales

Cuando María tiene un breve receso en sus estudios y quiere hacer el amor, Juan responde con entusiasmo. Esos momentos, por desgracia, no son muy frecuentes.

Mientras, tanto Juan y Mora siguen viéndose toda la semana. Juan nunca se ha cuestionado si esto está bien o mal, nunca lo ha pensado demasiado. En ese enorme proyecto que Juan está llevando a cabo, le ha servido de tiempo extra y María no sospecha nada. En realidad, María nunca habría sabido que Mora existía si no hubiera sido por Jane, su buena amiga. A través de otra mujer, cuyo esposo trabaja en la división de Juan, Jane escucha acerca de lo cómodo que se siente Juan y Mora en los descansos cuando toman el café.

Ella sospecha y hace algunas averiguaciones, y descubre la relación entre Mora y Juan, y van directo a darle la noticia a María. Al principio María no le cree a Jane, pero cuando lo investiga por sí misma, descubre a Juan sonrojado y con las manos en la masa.

Juan está atónito porque nunca creyó que iba a ser descubierto. Si María no hubiera sabido de Mora, no estaría herida. Por primera vez Juan se siente profundamente culpable. Le ruega a María que lo perdone y trata de explicar por qué ocurrió. Le dijo: "Podría ver cuán duro estabas trabajando con tus estudios, y no quería ser egoísta al demandar que hiciéramos el amor. La situación con Mora simplemente se dio y luego supongo que la dejé continuar, porque lo necesitaba. Nunca quise herirte. Ahora puedo ver que fui un egoísta y en realidad un estúpido después de todo".

María está furiosa y con el corazón destrozado. Pero ¿por qué Juan no dijo nada? ¿Por qué tuvo que traicionar su matrimonio, para satisfacer sus necesidades? Es la primera vez que María se da cuenta de que su carrera para conseguir el título se ha convertido en una trampa. Llora sin consuelo y Juan se siente devastado. Le ruega a María que lo perdone y jura que nunca verá a Mora otra vez.

María lo perdona, porque en realidad ama a Juan, y trata de hacer algunos cambios. Elimina algunas clases para jugar al tenis otra vez, ella trata de hacer el amor con Juan varias veces a la semana con pasión y entusiasmo. Juan intenta serle fiel, pero una semana después sufre la más severa decepción de su vida. Según lo que ve y le guste, él está enamorado de Mora. Ahora, ama a María y a Mora. Juan extraña a Mora, pero no puede dejar a María. En síntesis, Juan ama y necesita a ambas mujeres. Las dos tienen balances considerables en su corazón, y parece que ahora no puede vivir sin ellas.

Intenta con mucho esmero, pero no puede estar lejos de Mora. Para aliviar su depresión vuelve a ella y encuentra que en su ausencia a estado deprimida también. Mora le da la bienvenida haciendo el amor apasionadamente, y buscan maneras más sofisticadas de reunirse sin ser descubiertos. Pero no pasa mucho tiempo antes de que María sospeche, y pronto sabe que nuevamente está compartiendo su marido con otra mujer, una mujer a la cual él se había hecho adicto.

Desde ese día todo lo que siguió en la vida de Juan y Mora fue un hombre que no quería renunciar a ninguna de las dos mujeres, una mujer que peleaba y exigía un cambio, y una amante que ahora presionaba para que Juan dejara su mujer porque a veces se sentía cansada de esperar.

El problema de Juan y María se agravó, entre muchas cosas, cuando éstos no lograron traer sus problemas, necesidades y deseos a la mesa para hablarlo con mesura y sin límites. Éstos callaron la verdad, y la mentira los esclavizó. La verdad es la que te hará libre y ella está en la boca de cada hombre y mujer que con franqueza y sin límites se detiene para conversar sobre sus frustraciones, emociones, sentimientos y deseos.

Necesidades básicas de una pareja

Según el psicólogo clínico, el Dr. Willard F. Harley, Jr., todos los problemas de una pareja tienen su origen en diez necesidades básicas, las cuales son: "El Afecto, la Plenitud Sexual, la Conversación, la Compañía Recreativa, la Honestidad y Franqueza, la Presentación y el Cuidado Personal, la Seguridad Financiera, la Paz y Quietud en el Hogar, el Compromiso Familiar (Ser buen padre, buena madre) y la Admiración". Si te das cuenta, y todos los autores casi concuerdan con eso, el sexo viene a ser una de las necesidades básicas en el matrimonio y en la vida del ser humano. De hecho, muchos ponen al sexo como el tercer deseo de prioridad en la escala de deseos de un hombre.

Hablemos de sexo

Wilson, en mi opinión como mujer yo creo que el sexo más que un acto es un resultado de... En la historia de María y Juan, éstos no tenían más que situaciones las cuales no trascienden a cualquier otra de la vida diaria, pero que al no ser conversadas o tratada se convirtieron en la destrucción del matrimonio. María asumió que Juan estaba feliz por haber estado de acuerdo en que ella estudiara, y Juan, aunque sentía la presión de la falta de su esposa, pensó que sería egoísta de su parte hablarle de sexo cuando ella estaba llevando una vida tan ocupada; y, como la mayoría de las parejas, prefirieron no tocar el asunto. Pero lo que hace que un hombre y una mujer tengan una verdadera intimidad, es la confianza, la sinceridad, la transparencia, la libertad y el tiempo que se dedican. Cuando se violan uno de estos principios, no podremos avanzar sin límites en la intimidad.

La intimidad sexual debe alcanzarse primero fuera de la alcoba, antes de poder lograrse dentro. La atracción mutua que dura toda la vida surge de la intimidad, y no del dominio de las técnicas sexuales. Los participantes en una encuesta hecha por el equipo de trabajo de la Dra. Nancy Van Pelt, declararon cuán poco acostumbradas están las parejas al hablar de sexo intencionalmente (digo intencionalmente, porque muchas parejas hablan de sexo a gritos, o en la intimidad, pero pocos lo hacen para enfrentar sus problemas sexuales).

El 30% de ambos sexos dijo que podía dialogar sobre sus relaciones íntimas con sus cónyuges sin límites.

El 70% restante no estaba seguro de poder hacerlo o no lo hacía.

El 72%, cuando se le preguntó sobre sus sentimientos sexuales, contestaron que deseaba que sus cónyuges hablaran con más franquezas sobre sus sentimientos y gustos sexuales.

Quienes no sean capaces de abrirse para hablar sin límites ni rodeos acerca de lo que les agrada y de lo que no les complace, de lo que quieren y de lo que no deseen en la intimidad, serán candidatos a sentir frustración y resentimiento hacia su pareja. Antes de un acto sexual debe haber una comprensión marital y ésta solo será plena cuando la pareja puede hablar de la misma sin temor, sin prejuicios, sin reprimenda, sin vergüenza y sin límites. Decirle a tu cónyuge cuáles son tus necesidades sexuales, representa un desafío. Por bochornosas que estas conversaciones parezcan, es mejor que callar y dejarlas pendientes hasta que se hagan las bolas de nieve que terminan destruyendo el matrimonio que quieren construir.

Concluyo diciendo que la comprensión en la cama nada tiene que ver con los movimientos sexuales o con la cantidad de veces en que se realiza el acto sexual, sino con la intimidad que la pareja desarrolla para poder conocerse y, en mi opinión, la intimidad se desarrolla solo con la comunicación frecuente y en franqueza. Estas conversaciones incluyen las opiniones de uno y del otro sobre lo que piensan y les gusta del sexo. La sexualidad depende del gusto de dos personas, ya que son ambos quienes lo ejecutan.

Capítulo X

Sexualidad sin límites

E nríquez y Karla tienen 18 años de casados. Tienen dos hijos adolescentes. Carla ha llegado a esa fase en la que muchas mujeres sienten la sexualidad con renovada densidad, por lo que desea tener relaciones sexuales con más frecuencia que Enríquez. Cuando se lo hace saber, él se niega a hablar del asunto. Pero ahora, en vez de desistir ante la negatividad de Enríquez, Karla insiste con firmeza.

Ejemplo n° 1

Karla: "Comprendo tu deseo de no hablar de esto, pero necesito hacerlo. Siempre hemos tenido una vida sexual satisfactoria, y ahora te deseo más que nunca. Realmente quiero tener relaciones contigo. Te estoy pidiendo relaciones amorosas más frecuentes, y al parecer las deseas evitar. ¿Estoy en lo cierto?".

Observemos que Karla no le dice a Enríquez que la relación nunca ha servido, o que ella nunca ha sido complacida por él en la cama, al contrario, lo elogia y le hace saber lo bueno de la relación que han tenido antes. Muchas personas cometen el error de arremeter sobre los errores de su pareja, cuando quieren que ésta mejore algo. La técnica de mencionar lo bueno de la otra persona al comenzar una conversación sobre un conflicto, es muy eficaz, pues de lo contrario la otra persona se pondrá a la defensiva.

Enríquez: "Posiblemente".

Él contesta de manera breve y cortante, aunque amable, pero para que la conversación pueda seguir bien y tener un final feliz y provechoso, ella tiene que buscar la manera de sacar a Enríquez de ese estado de rigidez y llevarlo gustosamente donde ella se encuentra. Para eso ella tiene que entender los motivos de su esposo.

Karla: "Debe de haber algo que te retiene. ¿Por qué no me hablas sobre ello?".

Enríquez: "Me siento tremendamente cansado. Las Largas horas de trabajo... Es que no sé. El caso es que no me apetece".

Karla: "Has estado trabajando mucho. Ya me he dado cuenta. ¿Pero hay alguna otra razón?".

Enríquez: "Mira, la verdad es que de eso prefiero no hablar".

Ahora, él le está tratando de ignorar la verdadera razón del porqué no la busca y prefiere no hablar de la situación. Ella no está dispuesta a dejarlo todo igual, pero lo sigue interrogando con maestría y profesionalidad.

Karla: "Pero si no hablamos de ello, la situación podría empeorar y no es eso lo que deseo".

Enríquez: "Te digo que no te va a gustar... Pero ya que insistís, te lo contaré. Sucede que siempre has sido bastante pasiva. Casi no participas en la sexualidad. Contigo es como... hacerle el amor a un maniquí".

Karla: "De acuerdo a lo que me dices, parece que has tenido que reprimirte esos sentimientos durante bastante tiempo".

Ella no reacciona, ni se defiende, acepta que su cónyuge podría tener sentimientos sinceros sobre su participación al hacer el amor o que simplemente se quiere defender echándole la culpa a ella. Ella nunca pierde de vista que ella misma fue quien comenzó la conversación y la que quiere encontrar una solución. Eso permite que ella tenga un plan y se muestre receptiva. En muchas ocasiones personas comienzan una conversación para terminar acusándose uno al otro. La verdad no siempre es agradable o es lo que queremos escuchar. Discutir un tema para terminar en un peor estado, no tiene ningún sentido, cuando la pareja detecta una situación deben prepararse para solucionarla o enfrentarla efectivamente. Esto se hace a través de la comunicación sin límites, pero si la persona que oficia de emisor en la conversación no desarrolla un plan antes de sentarse con el receptor, si no determina no enojarse, si no pone en su mente que probablemente durante la conversación la otra persona traerá a la mesa un tema incómodo, si no considera todos estos detalles, es mejor que no comience la conversación, porque terminará enojada.

Enríquez: ¡Pues sí! Y además…. (habla enojado).

Observemos que Karla no se defiende del ataque de Enríquez, sino que pone el máximo de esfuerzo e interés en escuchar activamente. Es posible que él esté reaccionando o se esté defendiendo para no enfrentar con su esposa una realidad que ya conoce. Pero ella, que comenzó la conversación, debe llegar con paciencia al fondo del asunto y no puede estar cerrada a pensar que ella misma podría ser el problema. Así que continúa:

Karla: "Yo diría que eso te está afectando bastante. ¿Hay algo más que te preocupe en cuanto a nuestra vida sexual?".

Enríquez: Bueno, es que…. La verdad, cuando me presionas para que hagamos el amor, como vienes haciendo. Alternamente, me haces sentir como si tuviera que lucirme. Ya no soy tan joven como antes… A veces evito las relaciones íntimas contigo porque es lo más fácil. Lo siento. Sé que no te estoy tratando como te mereces en esto. Y me angustia la posibilidad de perderte. Pero me sentía incapaz de hablar de esto contigo... Mira, después de haberlo comentado, me siento mucho mejor".

Karla: "No imaginaba lo que te estaba sucediendo. Creía que era culpa mía, que tú ya no sentías interés por mí... Me siento aliviada. Te agradezco que hayas compartido lo que sientes conmigo. Quiero hacer todo lo que pueda para que nuestras relaciones amorosas vuelvan a ser satisfactorias para los dos".

Enríquez: Gracias por haberlo comentado, en mi opinión, si queremos mejorar en esta parte, debes ayudarme poniéndole más fuego a la relación, es que antes todo era más fácil, pero ahora es más difícil.

Nota de los escritores: Atención aquí, cuando se muestra una dificultad y la traemos a la mesa para formar un nuevo acuerdo con la pareja, no podemos esperar éxito inmediato, debemos ser pacientes. Recuerda que una cosa es formular un acuerdo sobre algo que queremos, y otra es formar el hábito para llevar a cabalidad dicho acuerdo. Así que, por favor, haz buen acopio de paciencia y perseverancia.

Si has estado vagando por un páramo sexual durante mucho tiempo, quizá diez años o más, ¿quién sabe?, sin hablar de tus problemas y sin mencionar lo que te gusta y deseas, no debes extrañarte de que haya de pasar algún tiempo antes de poder llevar a cabo todas las modificaciones necesarias.

Hablando de sexo sin límites

Ejemplo n° 2

Lo que no se debe hacer en una conversación sexual sin límites.

Sandra: Wilson, yo estoy preocupada por nuestras relaciones sexuales.

Wilson: ¿De qué hablas mujer?, explícame.

Sandra: "Siento que ya no me deseas, pues no hacemos el amor tan a menudo como antes" (mensaje en segunda persona).

Wilson: "¡No me digas! Justamente eso es lo que yo pienso de ti... Porque culpa mía no es" (respuesta en segunda persona, le devuelve la culpa).

Sandra: "¡Será posible! Tú eres el que se acuesta tan tarde por estar mirando el noticiero que me encuentras dormida cuando vienes a la cama. Lo haces a propósito para evitarme" (culpa y juzga a la vez).

Wilson: "¡O sea que sabes todo del porqué yo hago o dejo de hacer las cosas! (respuesta defensiva).

Sandra: De eso ya hemos hablado. Ya no te interesas por mí. Lo único que te importa es tu trabajo... (ella sigue menciona las actívadles preferidas de él). Luego ella prosigue: "Esperas que trabaje todo el día fuera de casa, que atienda a los niños. Que prepare la comida. Que planche. Que limpie... Y tú nunca me ayudas" (culpa y humilla a la otra persona, y se aparta del tema inicial).

Wilson: "Ya estamos con lo de siempre. No importa cuánto te ayude. Nunca vas a estar satisfecha..." (actitud defensiva y que presupone lo que ocurrirá en el futuro).

Seguido de esta conversación, él se marcha de la alcoba dejándola a ella sola en la sala. Con esto han acabado perdiendo los dos. En vez de analizar el asunto concreto, y de escuchar con atención, se han dedicado con todas sus energías a atacarse mutuamente y a defenderse, lo cual provoca aislamiento y resentimiento en ambos.

Lo que sí podemos hacer en una conversación sin límites

Ejemplo n° 3

Sandra: "Me gustaría que habláramos de lo que últimamente me preocupa. Es de nuestras relaciones amorosas. Me parece que ahora es un buen momento para que hablemos. ¿Qué opinas?".

Wilson: "Bueno, si tú lo crees... Dime".

Sandra: Nuestras relaciones amorosas me han hecho siempre muy feliz. Disfruto contigo porque procuras satisfacerme. Últimamente encuentro que nuestras relaciones se van distanciando cada vez más y más. Eso me hace sentir sola y alejada de ti. Da la impresión de que no te preocupas como solías hacerlo, e incluso me siento como si no me quisieras como antes. ¿Te acuerdas lo felices que éramos cuando hacíamos el amor tres o cuatro veces por semana...? Bueno, esto es lo que yo siento, pero antes de seguir hablándote, quisiera estar segura de que he transmitido bien mis sentimientos" (toma responsabilidad al decir el mensaje en primera persona. Y debe haber de su parte una comprobación de percepción, ella debe saber que Wilson siente lo mismo).

Wilson: "¡Por favor! ¿A qué viene todo esto?" (intenta desviarse de la comunicación inicial).

Sandra: "Déjame ver si me explico mejor debido a que me parece que la primera vez que tocamos este tema, yo fallé en explicarme bien. Ahora, antes de seguir hablando necesito saber si he sido capaz de hacerme entender".

Wilson: "Bueno", dice él mientras hace una señal de fastidio y luego continúa: "Pues parece que quieres que te haga más caso...".

Sandra: "Eso es una parte de lo que intento decirte... pero hay más, explícame".

Wilson: "Dices que soy un buen amante".

Sandra: "¿Y qué más...?".

Wilson hace una pausa y baja la cabeza con apuro y prosigue: "Que te sientes aislada de mí cuando no tenemos relaciones amorosas".

Sandra: "¿Y...?".

Wilson: "Ah... Parece que te gustaría tener relaciones íntimas más a menudo conmigo".

Sandra: "¡Perfecto! Eso es lo que quería decirte. ¿Te parece razonable lo que te pido?".

Wilson: "Pues la verdad es que sí, cariño. Pero este nuevo trabajo me absorbe por completo. Ando muy estresado. La verdad es que últimamente no me apetece hacer el amor como antes".

Sandra: "Sí, te entiendo perfectamente y a mí también me preocupa el estrés que te está provocando tu nuevo puesto de trabajo. Pero me parece que, si descuidamos nuestra intimidad sexual, corremos el riesgo de echar a perder nuestro matrimonio. Pienso que para disminuir la tensión, y dedicar tiempo para nosotros, me gustaría que saliéramos juntos por lo menos una noche al mes, eso fortalecería nuestra relación marital y te ayudaría a bajar el nivel de estrés. ¿No sé si me estoy explicando o lo veas como yo?" (ella propone una solución, y comprueba que la percepción de él sea la correcta al hacerle la pregunta).

Wilson: "Ya veo que estés preocupada por mis problemas, y que te gustaría apoyar, pero salir una noche al mes nos puede agravar la situación... Es que últimamente andamos muy justos de dinero. Si salimos, aumentaremos los gastos, y eso me va a estresar aún más".

Sandra: "Creo que podemos hacer un plan económico. No se trata de gastar mucho, sino de que evitemos la rutina y de que podamos estar los dos solos. En cuanto a los niños, si mi madre no puede quedarse con ellos, se lo pediré a mi hermana, y yo lo haré por ella en otra ocasión cuando necesite mi apoyo. Con el apoyo de mi familia, podemos ahorrar el gasto de la babysitter".

Wilson: "Quizás... Eso puede que me alivie la angustia y la tensión, y tal vez consiga relajarme y volver a ser el de antes".

Sandra: "Te voy a proponer que tomemos la decisión de probar este plan durante tres meses. Tal vez con menos agobio recuperaremos el entusiasmo amoroso, y volvamos a disfrutar nuestra relación como antes. Y si no da resultado, volveremos a dialogar sobre esto para ver qué ha fallado y reajustarlo, y si hace falta proponer un nuevo plan".

Wilson: "De acuerdo. Me parece muy justo".

Están cerrando un acuerdo y esta vez los dos han ganado, porque ambos han podido expresar sin límites sus sentimientos y vivencias, en vez de ponerse a la defensiva y manifestar hostilidad. Cada uno aportó razones, y analizó posibles soluciones. Ninguno de los dos culpó ni humilló al otro.

Nuestra ya dilatada experiencia nos demuestra que, si usted ha aplicado esas soluciones con diligencia y constancia, aunque no lo haya hecho a la perfección, sus relaciones conyugales habrán mejorado.

De todos modos, hay casos extremos, o particularmente difíciles, a los cuales, si queremos darles solución, es necesario aplicar estrategias particulares. Por otro lado, pueden consultar un Psicólogo o un terapeuta familiar, y trabajar un método que le ayuden a seguir mejorando.

En todos los casos ofrecemos las alternativas que, puestas en acción, mejoren los resultados. En este libro, estas técnicas y conversaciones fueron dadas con el deseo y la esperanza de que, si usted se encuentra en uno de estos casos, u otro similar, le puedan resultar de utilidad.

Concluimos en este capítulo, que la sexualidad tiene más que ver con la comunicación y el entendimiento de la misma, que con cualquier otra técnica, pues allí donde se pone la pareja de acuerdo, si la pareja se distancia en sus conversaciones, se distanciará en su sexualidad. Si quieres un matrimonio sin límites, debe haber una comunicación igual. La solución siempre es posible siempre y cuando la pareja esté de acuerdo en solucionar el conflicto, en vez de tratar de ocultarlo. En este libro tratamos de que tus conversaciones sean prácticas y efectivas, y que puedan vivir una vida exitosa y sin límites.

REFERENCIAS BIBLIOGRÁFICAS:

1- Juan G Ruelas. Lagartos Reprensibles. Fresno CA. Editorial Renuevo. 2012.

2- Dr. Mario Pereyra. Decida Ser Feliz. APIA. Miami, Florida. 2008

3- Dennis y Bárbara Rainey. Diez secretos para desarrollar una familia fuerte. Miami, Fl. Editorial UNILIT. 2003.

4- Jon Gordon. El perro positivo. Empresa Activa. Sur América. Editorial Urano. 2013

5- TIM LAHAYE. Descubre su potencial, Manual del temperamento. Miami, Fl. Editorial UNULIT. 1987

6- S. Yeury Fereira. Predicación de la Teoría a la práctica. CreateSpace Amazon Company. Charleston. 2012.

7- Sharon Jaynes. El poder de tus palabras, Mujer descubre el impacto de lo que dice. Mundo Hispano. 2008

8- Enrique Chaij. Sobre el Sexo y el amor. Agencia de publicaciones México central, Asociación de publicadora interamericana, Octubre, 2009.

9- Débora Ulgalde. Yo Solo Quiero Ser Feliz. Débora Ulgalbe. Elisabeth, NJ. 2015.

10- Nancy Van Pelt. Secretos de la Dicha conyugal. Asociación publicadora Interamericana. Colombia. 2001

11- Casiodoro de Reina. Biblia Reina Valera 1960. American Bible Socierity. 1569.

12- www.importancia.org/Matrimnio.

13- Jonh Gray. Los Hombres son de Marte y las mujeres de Venus. Editorial Grijalbo, casa del libro.1992

14- Dr. Isidro Aguilar & Dra. Herminia Galbes. Vida Amor y sexo. Editorial Safeliz. Madrid, España. 2da Edición 1990.

15- Ben Paz. Una vida bendecida. Publicación independiente. Bronx New York. 2012.

16- Enrique Chaij. Sobre El Sexo y el Amor. Asociación Publicadora Interamericana. Dural Florida. 1990.

17- Philip G. Sanaan. El Método de Cristo para Testificar. APIA. Miami Florida. 1990.

18- http. Definición/aceptación.

19- www.conceptos.com/ciencia/sociedad/apresiacion.

20-Willard F. Harley, Jr. Lo que el necesita lo que ella necesita. Estados Unidos de América. Bakers publishing Group.

21- Nancy Van Pelt. Sin reservas el arte de comunicarse. Madrid-España. Editorial Safeliz. 1995.

22-Melgar Ceballos Marvin. (2011, marzo 2). Diferencias intelectuales entre mujeres y hombres. Recuperado de http://www.gestiopolis.com/diferencias-intelectuales-entre-mujeres-y-hombres/

23-Wikipedia. La enciclopedia libre. La ira.

24-Alberto Piernas. http://www.vix.com/es/imj/11245/por-que-hay-tantos-divorcios-en-el-siglo-xxi.

25-Javier Nicasio. https:////blog.micumbre.com/2007/09/14/10-motivos-por-los-que-se-llega-el-divorcio.

26-h t t p s : / / f u l v i d a . c o m / 2 0 0 8 / 1 0 / 2 0 / el-poder-destructivo-de-la-critica-y-como-remediarlo/

27- Published 14 14UTC septiembre 14UTC 2007, Familia, Inmigrantes , Religión. (Hodgenville, Kentucky, 12 de febrero de 1809 - Washington D. C., 15 de abril de 1865)

28-Dale Carnegie. Como ganar amigo e influenciar en las personas. Herman rosario, argentina, 1936.

29-Definición en diccionario electrónico.

30-Jorge Bucay. Cuentos para pensar. España. 2006

1 Corintios 13:4-9.

Génesis 2:18.

Génesis 2:22.

Génesis 1:26-28

Juan 2:1-10.

Marcos 2:22.

Proverbios 4:23.

Juan 10:10.

Juan 15:1-3.

Juan 8:32.

Mateo 10:8

Todos los derechos reservados

Algunos libros de WILSON SANTOS

BASES

Lo básico en el desarrollo de una organización

WILSON SANTOS

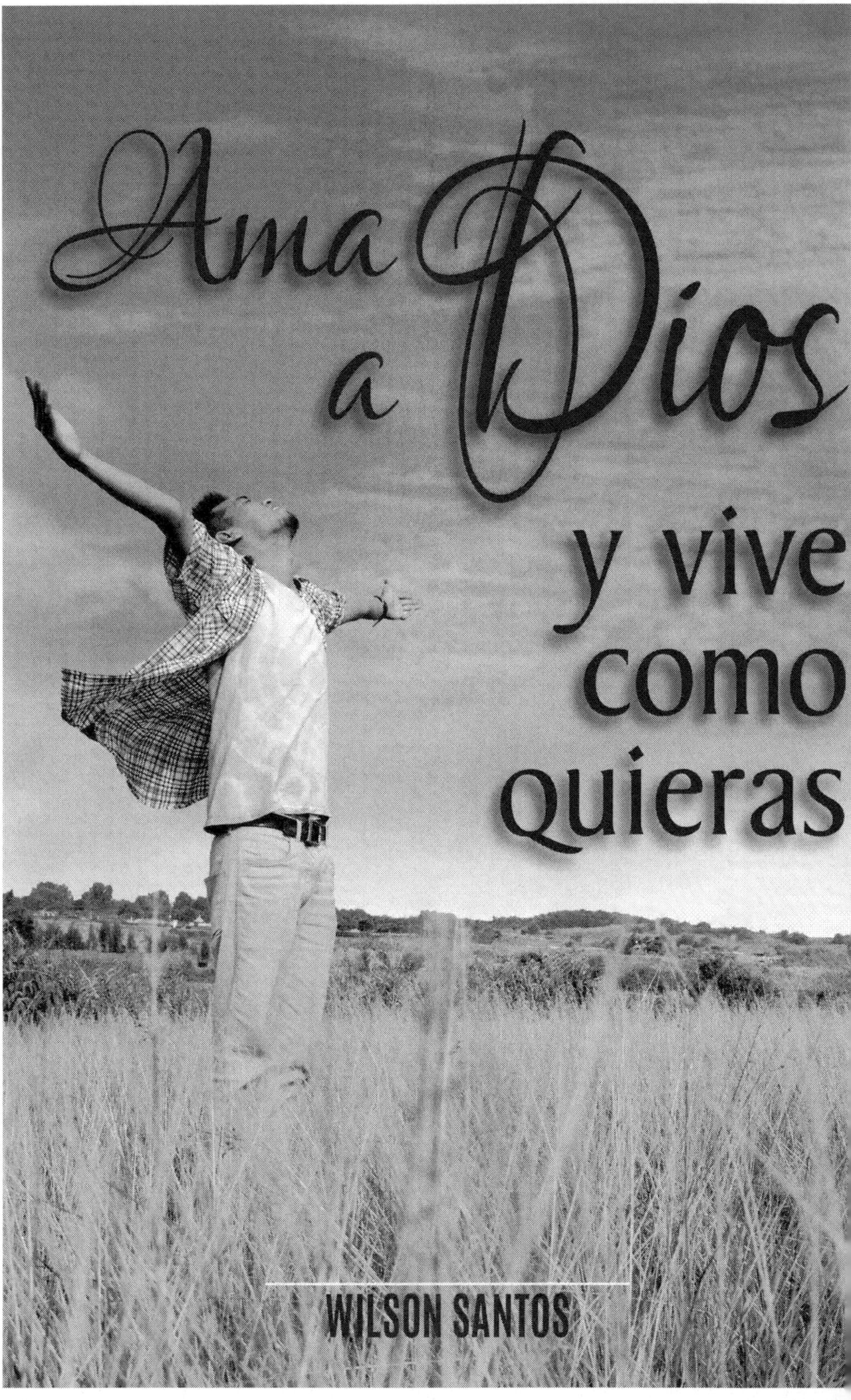
Ama a Dios
y vive
como
quieras
WILSON SANTOS

Made in the USA
Columbia, SC
18 June 2021